HELGOLAND - Felsen der Weltgeschichte
Klippe der Kapitäne, Krieger & Künstler

Ein Reiseführer über Jahrhunderte

„Denken Sie sich einen kolossalen steinernen Würfel, notdürftig mit Erde bedeckt, sodass Kartoffeln und Rüben eben gedeihen, überall steil abschüssig, vielfach zerklüftet und zersägt, und Sie haben Helgoland vor sich.

Denken Sie sich ein emsiges Völkchen hinzu, das sich in ewiger Rührsamkeit ameisenhaft anklammert, als ob dem ganzen großen Planeten nur noch dieser kleine, dem zerbröckeln nahe Rest übrig geblieben wäre, und Sie sehen die Helgoländer."

Friedrich Hebbel

Rickmers Verlag & Archiv

Detlev Rickmers

Mitarbeit:
Iris Binnewies, Lea Binnewies

Moritz Bleibtreu
Adelbert von Chamisso
Wilhelm Jordan
Max Beckmann
Franz Kafka
Anton Graf von Auersperg
Lars Eidinger
Andreas Achenbach
Christian Gottfried Ehrenberg
Conrad Felixmüller
Werner Heisenberg
Isabel Bogdan
Johann Nestroy
Otto Bartning
Malte Jäger
Fanny Lewald
Anton Bruckner
Ernst Haeckel
Ina Müller
Daniel Fehlow
Wilhelm Kley
Christian Morgenstern
Heinrich Heine
Zoë

Nissen
Arthur Segal
Georg Christoph Lichtenberg
ordan
Hans Albers
Betty Paoli
Strindberg
Leni Riefenstahl
Maximilian Buddenbohm
Deborah Sasson
Schensky
Richard Mansfield
Ludolf Wienbarg
lav Richter
Sebastian Fitzek
Hans-Peter Wirsing
Walter Leistikow
v Mahler
Hoffmann von Fallersleben
Max Schreck
Hugo Schnars-Alquist
Heino
Die Toten Hosen
Katja Ebstein
Franz Liszt
midt
James Krüss
Gustav Hassenpflug
uinn
Vicky Leandros
Friedrich Hebbel
dloff

„Welch ein Land! kein Soldat,
Kein Gendarm, kein Vogt, kein Magistrat;
Nicht einmal ein bisschen Polizei -
Nein, o nein, das ist mir doch zu frei!"

Hoffmann von Fallersleben

Inhalt

„Eine breite Strömung der Nordsee wird zwischen mir und Deutschland rollen, ich werde monatelang, vielleicht jahrelang das abgeschnittene, trotzige Leben eines Insulaners führen."

Ludolf Wienbarg

Welkoam iip Lunn

Ein knapper Quadratkilometer Fels, ein noch knapperer Quadratkilometer Sand- und Dünenlandschaft daneben und circa siebzig Kilometer Nordsee bis zum Festland, das ist Helgoland. Vor langer Zeit „das Heilige Land".

Mitten in der Deutschen Bucht liegt dieser seit Jahrtausenden wichtige Navigationspunkt und Schutzhafen. Wer diesen Fels beherrschte, kontrollierte zum großen Teil den Zugang der deutschen Lande zu den Weltmeeren. So betrachteten ihn die Seefahrer und Militärs.

Anderen gilt der steinerne Koloss als Kulisse für ihre romantischen Träume einer unberührten Welt und vom einfachen, schönen Leben. Dargestellt in tausenden Gemälden, Gedichten, Büchern, Musik und Theaterstücken, Fotografien und Filmen.

Für wieder andere liegt die Insel wie eine Oase im Meer oder in der Sandwüste des Meeresbodens und bietet seltene Gelegenheiten, Flora, Fauna und die Zusammenhänge der Welt zu erforschen.

Vielen dient sie seit Jahrhunderten als Rückzugsort zur Erholung, Besinnung und Inspiration.

Einigen wenigen war oder ist sie Ort des Glücks und Unglücks, der Liebe und der Trauer, der Freude und der Wut, immer aber Heimat.

Für alle, die sich die Freude oder Mühe machen, sie kennenzulernen, bietet die Insel so viel überraschende Einsichten, unvermutete Besonderheiten, geschichtliche Höhepunkte, kleine Superlative und große Zusammenhänge wie kaum ein anderer Ort auf dieser Welt.

Im Folgenden erhalten Sie einen kurzen, dennoch fundierten Einblick in all diese Themen. Insbesondere der von der Steinzeit bis heute reichenden kulturellen Geschichte gilt unser Augenmerk, da hier Wesentliches mit dem 20. Jahrhundert untergegangen ist.

Dieser Reiseführer enthält Empfehlungen für einen angenehmeren Aufenthalt, vor allem aber dient er als universeller Schlüssel zum Verständnis Helgolands.

2,5 Millionen Jahre in vierzehn Bildern

Vor 2 Millionen - 10 000 Jahren

Vor ca. 10 000 Jahren

Nacheiszeit

Vor ca. 4000 Jahren

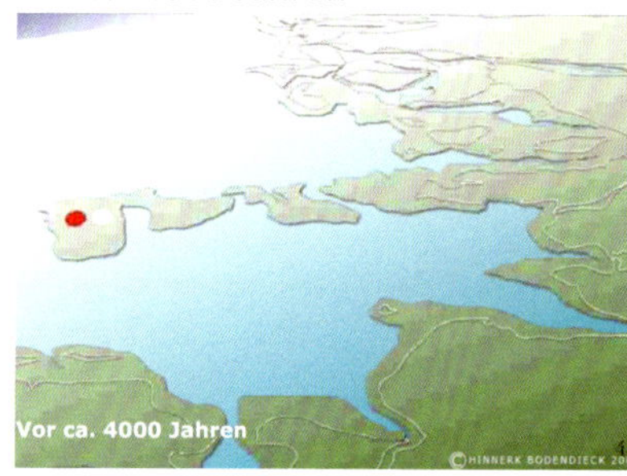

Vor ca. 3 500 Jahren

Vor ca. 2 500 Jahren (?)

1650

1720

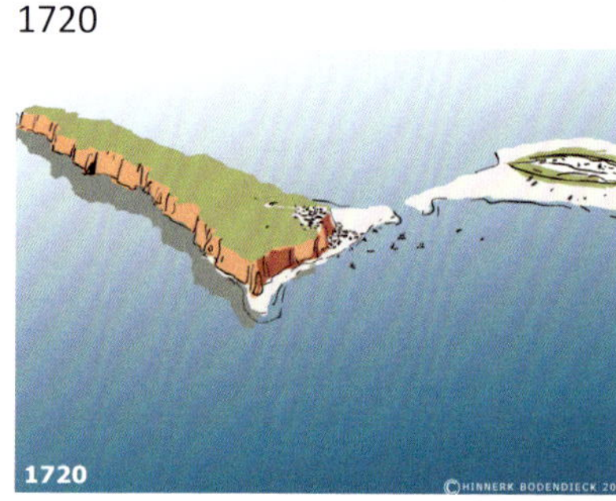

Vom Werden der Insel

1720

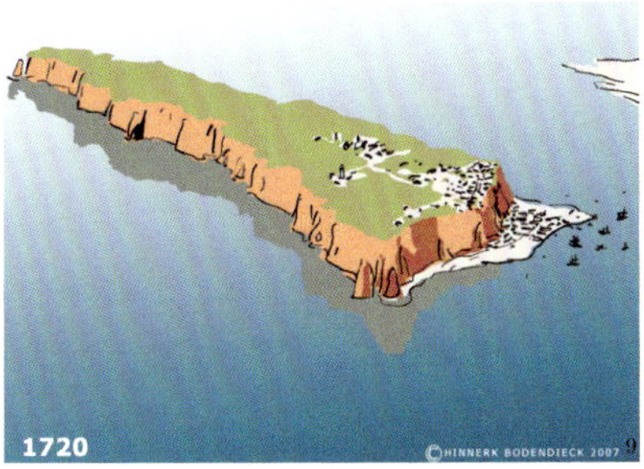

1890

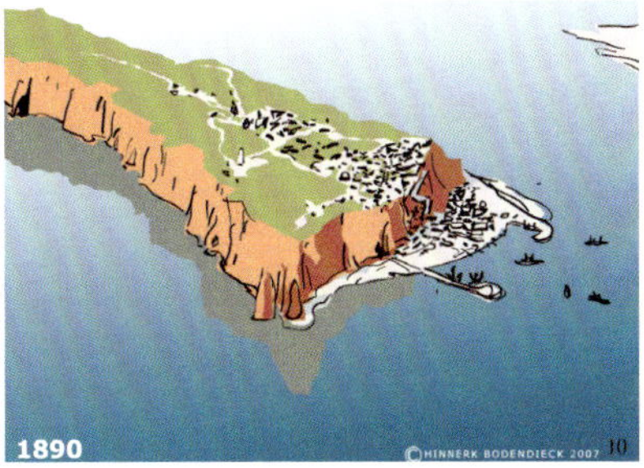

1916

1940

1947

2007

Helgoland Timeline

ca. 245.000.000 v. Chr.	ca. 65.000.000 v. Chr.	ca. 5.000.000 v. Chr.	ca. 4.000 v. Chr.
Der 2,2 Meter lange *Paratosuchus Helgolandicus* ist der erste dokumentierte Bewohner der heutigen Insel.	Aufwölbende Salzschichten drücken die Buntsandstein- und Kreideschichten an die Erdoberfläche. Die Felsen entstehen.	Steinzeitbewohner nutzen den markanten Felsen in der riesigen Tiefebene als heiligen Ort.	Der ansteigende Meeresspiegel trennt die Verbindung zum Festland. Die Insel entsteht.

ca. 3.000 v. Chr.	ca. 325 v. Chr.	100 n. Chr.	um 680
Helgoland ist Handelszentrum für wertvolle Flintsteine und eventuell Kupfer. Das bringt einige Wissenschaftler zur Hypothese: Atlantis lag bei Helgoland.	Pytheas von Massalia beschreibt Helgoland als „Abalus" oder „Basileia", wo die Einwohner Bernstein exportieren und an Stelle von Holz zum Feuern benutzen.	Der römische Historiker und Senator Tacitus beschreibt in seiner Germania Helgoland als „Heiligen Hain" in der Nordsee.	Der Friesenkönig Radbod flüchtet vor Pippin dem Mittleren ins Exil, der Missionar Willibrord versucht, ihn und die Helgoländer vom Christentum zu überzeugen.

1401	um 1500	1630	1714
Der Pirat Klaus Störtebeker und die Likedeeler werden vor Helgoland von einer Hanseflotte besiegt. Am Hamburger Grasbrook werden sie enthauptet.	Riesige Heringsschwärme ziehen tausende fischende Gastarbeiter auf die Insel.	Die erste Feuerblüse strahlt zur Warnung und Orientierung der Schifffahrt ihr Licht aus.	Das zum Herzogtum Schleswig-Holstein-Gottorf gehörige Eiland wird von dänischen Verbänden belagert. Das Königreich Dänemark übernimmt die Herrschaft und die Helgoländer werden dänische Staatsbürger.

1720 Silvester	um 1780	1807	1808-13
Die Landverbindung zwischen Insel und Düne bricht in einem schweren Orkan. Helgoland wird zwei Inseln.	Ca. 90 Prozent der erwachsenen Männer besitzen das Lotsenpatent und steuern die Schifffahrt in Elbe, Weser und Eider.	Die dänische Festung Helgoland kapituliert vor einem britischen Flottenverband und wird im Range einer Kronkolonie Teil des British Empire.	Während der napoleonischen Kontinentalsperre entwickelt sich Helgoland zu einem bedeutenden Schmuggelplatz und wird „Klein-London" genannt.

1826	1832	1841	1845
Der visionäre Bootsbauer J. A. Siemens, Lehrherr des späteren Reeders Rickmer Clasen Rickmers, gründet das Seebad.	Rickmer Clasen Rickmers und seine Frau Etha verlassen ihre Heimat Helgoland gen Geestemünde und gründen dort die später weltbekannte Werft und Reederei.	Hoffmann von Fallersleben schreibt im Asyl des englischen Helgoland *Das Lied der Deutschen*.	Johannes Müller begründet auf Helgoland die Erforschung des Planktons und prägte hier dessen Namen.

1864	1868	1890	1892
Am Klippenrand des britischen Helgoland stehen die Badegäste und beobachten bei Caviar und Champagner die Seeschlacht zwischen Dänemark und Österreich/ Preußen.	Gouverneur Maxse gründet eine Seenotrettungsstation sowie ein Theater für die mondänen Sommerurlauber.	Im Helgoland-Sansibar-Vertrag tritt England die Insel an das Deutsche Reich ab.	Die Biologische Anstalt Helgoland wird gegründet.

Helgoland Timeline

1910	1914-18	1932	18.4.1945
Die zweitälteste Vogelwarte der Welt wird gegründet.	Während des Ersten Weltkrieges werden die Insulaner aus der Seefestung evakuiert.	Der Physiker Werner Heisenberg formuliert am Klippenrand stehend seine „Unschärferelation".	Knapp eintausend alliierte Bomber greifen die Insel an und vernichten das alte Helgoland. Die Insel ist unbewohnbar.

18.4.1947	1951	1.3.1952	um 1960
Mit der Operation „Big Bang" explodieren mehr als 6.700 Tonnen Sprengstoff und zerstören die Reste der Festung.	Eine friedliche Invasion bringt die „Frage Helgoland", die Wiederbesiedelung der Insel, in die Weltpresse.	Helgoland wird zur Wiederbesiedelung freigegeben und offiziell Teil der Bundesrepublik Deutschland.	Erneut entwickelt sich die Insel zum mondänen Seebad. Hans Albers, Heidi Kabel und andere prominente Besucher zählen zu den Stammgästen.

1960	1965	2011	2016/17
Der Helgoländer Autor James Krüss liest in der Tagesschau aus *Mein Urgroßvater und ich* und begründet damit seinen Weltruhm.	Bundeskanzler Ludwig Erhard beendet gemeinsam mit Bürgermeister H. P. Rickmers den offiziellen Wiederaufbau der Insel.	Die Insulaner entscheiden über den Neubau einer Landverbindung zwischen Insel und Düne, ca. 300 Jahre nach dem Abriss der Verbindung zwischen Hauptinsel und Badedüne.	65 Jahre nach dem Wiederaufbau startet die Insel nach jahrzehntelangem Stillstand in eine Aufschwungphase.

„Am weißen Strand
Von Helgoland
Lauscht' ich geheimen Grüßen.
Und Lust und Leid
Sie wurden Beid'
Staub unter meinen Füßen."

Betty Paoli

Bräuche und Traditionen
- Von der Bedeutung des Wassers, des Sherrys und der Verweigerung des Handschlags

Wenn Menschen zusammenleben, gibt es besondere Daten, besondere Ereignisse im Leben einzelner und der Gemeinschaft, die sich wiederholen und die festlich begangen werden. Daraus entwickeln sich Rituale. Aus Ritualen werden Bräuche und diese begründen einen Bestandteil einer eigenen Kultur. Verändert sich die Gesellschaft stark oder stirbt sie aus, wandelt sich die lebendige Kultur zur Tradition und schließlich zu Folklore. Viele dieser Bräuche gleichen sich überregional, dennoch gibt es Besonderheiten, die oftmals mit den Gegebenheiten vor Ort zusammenhängen.

Auf Helgoland beginnt das Jahr mit eigenwilligen Regeln. Früher wurde Silvester von den Insulanern kaum gefeiert, denn der 1. Januar galt als eigentlicher Feiertag. Morgens gingen die unkonfirmierten Kinder zu allen Verwandten und befreundeten Familien, wo sie von der Dame des Hauses empfangen wurden. Sie wünschten mit der Formel: „Ick wenske de en freeliged naidjoar, sinnhait, glick en seagen, en dat det djüm aal tid gu gung mai" ein gutes Jahr. Dafür erhielten sie Süßigkeiten oder etwas Geld. Ab dem frühen Nachmittag begaben sich die Männer und konfirmierten Jugendlichen auf die Runde und wünschten den Frauen, die sie in ihrem Heim empfingen, ein Frohes Neues Jahr. Nun gab es keine Süßigkeiten oder kein Geld, sondern in der ursprünglichen Form ausschließlich Sherry oder Portwein. Während eines Besuchs nur *ein* Glas zu akzeptieren, galt fast als unhöflich.

Gasse zu Weihnachten

Auch wenn heute die Silvesterfeier im Vordergrund steht, ist das „Wünschen gehen" für die älteren Helgoländer nicht wegzudenken. Das Besondere an diesem Tag ist, dass man ständig in wechselnde Runden kommt und mit Leuten spricht, die man sonst selten trifft. Lustig oder anstrengend wird es für diejenigen, die dreißig oder mehr sogenannte „Stationen" mit mindestens zwei Sherry besuchen müssen. Dies ist der einzige Tag, an dem sich sogar Helgoländer auf der Insel verlaufen.

Darüber hinaus ist es der einzige Tag, an dem sich die Insulaner die Hand geben. Die Insel hat knapp 1 km^2 Fläche, wovon die Ortschaft etwa die Hälfte bedeckt. Stellen sie sich vor, sie kennen etwa die halbe Einwohnerschaft und sollten jedem, den sie treffen, die Hand geben. Ein kurzer Weg von fünfhundert Metern geriete so zu einem längeren Ausflug. Daher nicken die Insulaner sich lediglich kurz zu und sagen „Holloa". Allenfalls bei Ankunft oder Abreise von der Insel erfolgt ein formeller Handschlag.

Die Neujahrsgrüße sowie das „Holloa" entstammen dem Helgoländischen. Dieses hat friesische Wurzeln. Die Insellage, die lange Zugehörigkeit zu Dänemark und später England mit ihren Einflüssen, ließen jedoch eine eigene Sprache entstehen. Wie manches der Helgoländer Kultur ist sie vom Aussterben bedroht. Heute gibt es nur noch circa zweihundert Menschen, die regelmäßig Helgoländisch sprechen. Schöne Begriffe zum Üben sind: wallowai schtschuer, plappeltfuttelt und unnerbamsk. Als eine der gröbsten Beleidigungen gilt die Bezeichnung als „skinbossel".

Den Insulanern wird nachgesagt, sie würden nur untereinander heiraten. Dies stimmt so nicht. Als Ausgangspunkt und Ziel der Schifffahrt gehörte schon immer eine hohe Fluktuation der Einwohner zum Leben. Fischer und Seeleute fanden ihre neue Heimat auf dem Fels und hübsche junge Helgoländerinnen eroberten fremde Herzen und Welten. In jedem Fall gehören der Wechsel und Hochzeiten zu den Höhepunkten des Insellebens.

Am Abend vor dem Fest traf man sich zum „Flaggenhissen". Die männlichen Freunde des Brautpaares schmückten mit Signalflaggen das Haus der Brautleute sowie den Ort der Feierlichkeiten. Es lässt sich ein bisschen mit einem Polterabend vergleichen und die Kombination aus Feiern und Klettern führte mitunter zu ungeplanten Abstürzen und lädierten Knochen.

Am nächsten Tag erfolgte die Trauung und das Brautbett-Tragen. Dabei wurden das Bettzeug und die Wäsche der frischvermählten Frau vom elterlichen Zuhause in das Haus ihres Mannes getragen. Braut und Freundinnen formierten sich zu einem Zug und wie zu allen festlichen Anlässen, trugen sie Helgoländer Tracht. Obwohl es sich um eine familiäre Angelegenheit handelte, nutzten viele Badegäste die Gelegenheit zu einem intimeren Blick auf das Inselleben.

Das Brautbett-Tragen

Von der Hochzeit und dem Brautbett-Tragen ist es oft nur ein kurzer Weg zur Kindtaufe.

Da Trinkwasser auf der Insel immer knapp war, werden die jungen Insulanerinnen und Insulaner mit Nordseewasser getauft. Dieses wird ins Haus des Täufling geholt und dorthin kommen vor dem Gottesdienst die anderen Helgoländer Kinder. Sie tragen Tracht und bringen ihren eigenen Taufbecher mit, den jedes Kind auf der Insel zur Taufe erhält. Dieser wird mit dem Wasser gefüllt und die Kinder formieren sich hinter der Mutter und dem Täufling für den gemeinsamen Weg in die Kirche. Mit dem bis dahin verbliebenen Anteil aus ihrem Bechern füllen die Kinder das Taufbecken und dürfen dann zum Haus des Täuflings zurücklaufen, wo sie zur Belohnung Butterkuchen und gekochten Rotwein erhalten.

Dass man sich auf der Insel nicht die Hand gibt, wird jedem Besucher auffallen. Auch das Wünschen zum ersten Januar ist weiterhin ein fester Bestandteil des Insellebens. Die anderen hier beschriebenen Bräuche sind leider nur noch selten oder gar nicht mehr zu erleben. Zwei vollständige, langjährige Evakuierungen im 20. Jahrhundert haben ihre Spuren hinterlassen.

Während der Kindtaufe in der Kirche

„Von Westen her kommt mir zugleich eine Beschreibung der Insel Helgoland mit dem schönen Belegen unorganischer und organischer Natur, konsolidierte Werte des Urlebens und noch ganz frische Beweise des Fortlebens und Wirkens des ewigen Weltgeistes."

Johann Wolfgang von Goethe

Die Klippe der Literaten
- Sehnsuchts- und Rückzugsort der Literaten seit Jahrhunderten

In der Literaturgeschichte kann man weit in der Zeit zurückgehen und Pytheas von Massalia, Tacitus oder Adam von Bremen zum Thema Helgoland zitieren. Ibsen, Hegel, Goethe und Fitzek lassen sich ebenfalls in einen Bezug zu Helgoland bringen. Gemeinsam ist allen, dass sie beschreiben, sich nicht selbst dort aufhielten und die Insel lediglich als Imaginationspunkt und Schauplatz wählten.

Die unmittelbare Geschichte Helgolands als Schaffensort von Literatur als Kunst beginnt wohl mit Georg Christoph Lichtenberg. Als großer Romantiker, angezogen von der monumentalen Naturkulisse der Steilküste, beschrieb er seine ersten Eindrücke mit den Worten „Wer so etwas noch nicht gesehen hat, datiert ein neues Leben." Ob der Grund dieses Ausrufs tatsächlich der überwältigende Anblick der Insel war, oder die Tatsache, wieder festen Boden unter den Füßen zu haben, ist nicht überliefert.

Heinrich Heine

Die prägende Rolle für den Literatur-Standort Helgoland fiel Heinrich Heine zu. Sein Onkel und Förderer Salomon Heine erlangte sein Vermögen maßgeblich während Napoleons Kontinentalsperre mit Schmuggelgeschäften via Helgoland. Hierin dürfte, neben der Flucht vor dem Heuschnupfen, Heinrichs Interesse und Affinität zur Insel begründet liegen. Heinrich Heine gilt vielen Literaturwissenschaftlern als zentrale Figur beim Übergang der Romantik zu neueren Formen der Literatur. Während der Pariser Juli-Revolution von 1830 kommentierte Heine die Geschehnisse in seinen „Helgoländer Briefen".

Es fällt leicht, sich vorzustellen, wie der junge Autor den Widerspruch zwischen romantischem Inselerlebnis und Berichten der Revolution der „Miserablen" folgend, den Wandel vom Beschreiber des Schönen zum engagierten Sozialkritiker vollzog.

Es blieb dem Schriftsteller Ludolf Wienbarg vorbehalten, der neuen Bewegung mit der Bezeichnung „Junges Deutschland" einen Namen zu geben. Im Kampf gegen den deutschen Adel und die „Kleinstaaterei" verfolgte man ihn und er flüchtete ins Exil, auf das damals englische Helgoland.

Ludolf Wienbarg

Angelegt von Heine, ausgelöst durch Wienbarg, folgten progressive Schriftsteller und Politiker dem Ruf der Insel, als sicherer Hort und Zentrum der Opposition. Friedrich Oetker und die frühen Frauenrechtlerinnen Betty Paoli und Fanny Lewald nutzten das natürliche und kulturelle Klima zum Denken und Dichten. So war es kein Zufall, dass August Heinrich Hoffmann von Fallersleben, ebenfalls im englischen Exil, im Jahr 1840 das Deutschlandlied auf Helgoland schuf und bei einem Spaziergang am Südstrand an den Verleger Julius Campe verkaufte.

Dem friesischen Dichter und Freiheitskämpfer Harro Harring bot die Insel ein, wenngleich trügerisches, Exil vor den Verfolgungen durch die dänischen und deutschen Obrigkeiten. Nach seiner erfolgreichen Flucht auf den Fels wurde er hier mit Unterstützung des Malers Heinrich Gätke im Gefängnis festgesetzt und später auf die Insel Jersey deportiert.

Betty Paoli

Isabel Bogdan

In den Jahren 1835 bis 1860 avancierte der Fels zu einem Mittelpunkt des Vormärz, des Fortschritts und des kulturellen Lebens. Dies gipfelte unter anderem in der Aussage des Schriftstellers F. Marlow in seinem „Faust“, dass jeder, der in der Lage sei, eine Feder zu halten, sich bemüßigt fühle, nach Helgoland zu fahren, um dort zu schreiben. Graf Anton von Auersperg, der unter dem Pseudonym Anastasius Grün den Vormärz unterstützte, verfasste „Sonette aus Helgoland“. Als weitere vielgerühmte Persönlichkeit aus Österreich reiste der Komponist und Pianist Franz Liszt 1849 mit der Fürstin Caroline von Sayn-Wittgenstein und ihrer Tochter, Prinzessin Marie, nach Helgoland. Im Kreise republikanischer Freunde, zu denen Fanny Lewald und Adolf Stahr gehörten, entwarf er eine Denkschrift für eine Goethestiftung in Weimar.

Solcherart auf die literarische Bühne gehoben, blieb Helgoland anschließend weiterhin Ansteuerungspunkt und Inspiration für literarische Größen wie August Strindberg und Franz Kafka. Letzterer reiste gemeinsam mit Siegfried Löwy nach Helgoland, um sich von den Strapazen seiner Abiturprüfungen zu erholen. Aus Briefen an seine Eltern geht hervor, dass er sich nach anfänglichen Gedanken über die Nüchternheit seines Hotelzimmers an der Natur der Insel erfreuen konnte.

Helgolandpoesie verfasste zu dieser Zeit die Vorleserin der Fürstin Marianne Schwarzenberg, Betty Paoli. Mit ihren einfühlsamen Gedichten und kritischen Aufsätzen warb sie für eigene Rechte der Frauen. Eines der besten und atmosphärisch stimmigsten Bücher mit der Insel als Schauplatz schrieb Meta Schoepp mit dem Werk „Schiff auf Strand".

Im Dritten Reich wurde Meta Schoepp mit einem Schreibverbot belegt. Im Jahr 1939 starb sie durch Suizid. Ihre Bücher sind unvergessen. Dr. Arno Bammé würdigte sie mit seinem Buch „Meta Schoepp - Helgoland, die Marine und das Leben", erschienen beim Profil Verlag, München.

Im Zusammenhang mit dem Tausch des damals englischen Helgoland gegen umfangreiche deutsche Gebiete und Rechte in Afrika im Jahr 1890, entstand eine ganz eigene Literatur von oft zweifelhafter Qualität. Die Aufsätze und Dichtungen aus dieser Zeit verfolgen erkennbar das Ziel, Helgoland zu einem deutschen Symbol aufzuwerten und so ins Reich zu integrieren. Dies war unverzichtbar für den späteren Ausbau zur Festung.

Beispielhaft aus dieser Zeit ist das folgende Gedicht:

„Du Wikingerhort in schäumenden Wogen,
Du roter Fels von Möwen umzogen;
So weltenstark in ehernem Stand,
Ein deutsches Stück Erbe, mein Helgoland!

Es wird das Meer mit strafenden Wellen
Den Feind an deinen Riffen zerschellen. -
Wir steh´n auf der Wacht und wir wachen gut,
Wir deutschen Matrosen, echt Seemansblut!“

Zwischen dem Ersten und Zweiten Weltkrieg bildete der „Club von Helgoland“ unter dem Vorsitz von Prinz Bernhard zur Lippe und mit Mitgliedern wie Emil Jannings, Hans Albers, Aby Warburg, Ernst Wallach und seinem Freund, dem Multitalent Hans Domizlaff, den Mittelpunkt des kulturellen Lebens.

Das Wappen des „Club von Helgoland“

Buchcover Timm Thaler

Nach Ende des Zweiten Weltkrieges errang mit James Krüss zum ersten Mal ein Insulaner literarischen Weltruhm. Mit Geschichten vom Urgroßvater, dem Leuchtturm auf den Hummerklippen und Timm Thaler setzte er sich und der Insel ein Denkmal. In 2016 wurde die Geschichte des verkauften Lachens von Timm Thaler neu verfilmt und in den Kinos gezeigt. Die Werke von James Krüss sind in mehr als vierzig Sprachen übersetzt und werden von Groß und Klein auf der ganzen Welt gelesen.

Heute ist Helgoland Ziel zeitgenössischer Schriftsteller und Schauplatz ihrer Geschichten. Dazu gehören Tim Erzberg, Zoë Beck, Maximilian Buddenbohm und Isabel Bogdan.

Im Literatur- „Hotel auf den Hummerklippen" tragen die Zimmer ihre Namen und mit etwas Glück können Gäste dort einer/einem der Autorinnen/Autoren begegnen.

Isabel Bogdan schreibt, dass sie nicht mehr wisse, wie oft sie auf Helgoland gewesen sei. Beim ersten Besuch habe die Insel sie in ihren Bann gezogen und so komme sie gern wieder, „weil sich hier Erholung und Arbeit wunderbar verbinden lassen". Maximilian Buddenbohm inspirierte die Insel dazu, einen Teil seines neuen Werkes dort stattfinden zu lassen.
(Für Isa: „Irgendwo bellte ein Hund.")

Einen eigenständigen Bereich der Literatur stellen die Veröffentlichungen zu Sachthemen dar. Ob Meeresforschung, Archäologie, Ornithologie, Wetter- und Klimaforschung, Militär und Seefahrt oder historische Themen: Die Veröffentlichungen können viele Meter Regale füllen und manche sind von entscheidender Bedeutung in ihrem Fachgebiet.

„Welch ein Zauber, welch ein Reiz liegt in diesen Meereswinden und Wellen. Schon der Hauch der See, der ewigfrische lebenskräftige Odem der Wogen, lässt Seele und Leib wie neugeboren werden."

Friedrich Oetker

Das gemalte Helgoland
- Kulisse für Künstler aller Epochen und Stile

Die Kulturgeschichte der Insel lässt sich bis in die Steinzeit zurückverfolgen, wobei insbesondere die Kupferzeit Anlass zu weitreichenden Fantasien bietet. Es gibt Anhaltspunkte, die einige Forscher vermuten lassen, hier liege das untergegangene Atlantis.

In der Kunstgeschichte ist der sogenannte „Helgoland Painter" ein Begriff. Der nur durch seinen Stil zu identifizierende und namentlich nicht genannte Künstler lebte in den Jahren 350-325 v. Chr.. Von ihm sind mehrere Terrakotta-Arbeiten im griechischen Stil erhalten und heute in den berühmten Museen der Welt ausgestellt.

Der „Helgoland Painter", um 350 v. Chr.

Ein besonderes Kapitel bilden die letzten Jahrhunderte. Stellen sie sich einen Ort vor, an dem über zweihundert Jahre hinweg die fast unveränderten Klippen, eine in ihrer ständigen Veränderung dennoch Ewigkeit ausstrahlende Meeres- und Himmelslandschaft und die Szenen des alltäglichen Lebens von Künstlern in zehntausenden von Zeichnungen und Gemälden festgehalten wurden.

In der Chronologie der Arbeiten lassen sich nicht nur die Konstanten und Veränderungen des Sujets, sondern der Zeitgeist und die politischen Einflüsse ablesen. Wie von selbst ergibt sich beim Betrachten der Inselbilder eine Geschichte der Malerei.

Den Romantikern diente der wellenumtoste, zerklüftete Felsen als Sinnbild des Ursprünglichen und als Kulisse für Geschichten von Schiffbruch und Rettung. Insbesondere die Düsseldorfer Schule, mit Malern wie Gustav Schönleber oder Andreas Achenbach, nahm sich des Themas an.

Maler am Strand

Unter anderem wegen ihrer Helgoländer Motive zählen Christian Morgenstern und Rudolf Jordan zu den noch heute bekannten Künstlern. Jordan, dem ein Buch mit dem Titel „Der Maler Helgolands" gewidmet wurde, schuf international beachtete Werke wie „Der Heiratsantrag auf Helgoland", „Sturmläuten" oder „Das Lotsenexamen".

Viele Werke dieser Epoche sind heute in nationalen und internationalen Museen ausgestellt. Die erste und häufig kopierte Darstellung des Seebades mit einem Blick von der Düne aus dem Jahr 1826 stammt allerdings von einem Helgoländer. Der Schiffbauer Jacob Andresen Siemens übte nicht nur mit Erfolg sein angestammtes Handwerk aus, sondern war gleichzeitig talentierter Zeichner und Schriftsteller. Am meisten in Erinnerung geblieben ist er aber als Gründer des Seebades Helgoland.

Helgoland-Ansicht von Süden mit Bäderschiff

Als junger Mann kam Heinrich Gätke, ein Vetter Theodor Fontanes, auf die Insel, um einen Sommer lang zu malen. Als er im September die Insel verlassen wollte, verhinderte eine schwangere junge Helgoländerin mit Hilfe der gesamten Börte-Mannschaften seine Abreise. Gätke blieb tatsächlich bis an sein Lebensende auf der Insel. Neben der Malerei widmete er sich der Ornithologie, schuf ein Standardwerk und gilt als einer der Begründer dieser Wissenschaft. Seinen Lebensunterhalt verdiente er sich als Sekretär der britischen Gouverneure auf der Insel.

Mit dem Aufblühen des Seebades verbrachten Adel und Großbürgertum einen Teil der Saison auf Helgoland. Ihren guten Kunden folgend, fanden etliche Maler ihren Weg zur Insel, wo sie für die Unterkunft oftmals mit Bildern zahlten. Lebensnahe Szenen hielten zum Beispiel die Hamburger Brüder Gensler oftmals fest.

Mit dem Erwerb der Insel durch das deutsche Kaiserreich im Jahr 1890 ging ein deutlicher Wandel in der Darstellung einher. Es vermittelt den Eindruck einer gut gesteuerten PR-Kampagne, wie schnell und wie oft Helgoland als urdeutsches Symbol und Trutzfelsen zum Schutz des Reiches in der Nordsee dargestellt wurde. Im Zuge der Begeisterung des Kaisers für alles Maritime, erlebte die Marinemalerei in Deutschland einen Höhepunkt. Alle bekannten Vertreter, wie Willy Stöver, Claus Bergen, Hans Bohrdt oder Hugo Schnars-Alquist, besuchten die Insel regelmäßig. Carl Saltzmann und Hugo Schnars-Alquist gehörten sowohl zu den maritimen Künstlern, als auch zu der um die Jahrhundertwende einflussreichen „Gruppe der 11" sowie der „Berliner Secession". Zu diesem Kreis gehörten weiterhin Max Beckmann und Walter Leistikow, die beide auf Helgoland gearbeitet haben. Beckmann lernte hier seinen späteren Förderer Henry B. Simms kennen.
Der Erste Weltkrieg bedeutete auch in der Kunstwelt einen tiefen Einschnitt. Die Grauen des Krieges führten zu einem wesentlich emotionaleren Ausdruck. Sie beeinflussten Stilrichtungen wie Expressionismus, Surrealismus oder Kubismus.

Conrad Felixmüller -
Der Fischer von Helgoland

In seinem Werk „Der Fischer von Helgoland" porträtierte Conrad Felixmüller die Härten des Lebens und Arthur Segal hielt in seiner Serie „Streets of Heligoland" die Brüche und Perspektivwechsel fest.
Unmittelbar nach dem Zweiten Weltkrieg nutzte Franz Radziwill seinen Aufenthalt auf der Insel für die gespenstischen Darstellungen düsterer Landschaft.

Arthur Segal - Heligoland

Franz Radziwill - Helgoland

In den gleichen Jahren wählte der Hamburger Kunstprofessor Alfred Mahlau Helgoland als Ziel für jährliche Exkursionen mit seinen Schülern, zu denen unter anderem Horst Janssen, Vicco von Bülow (Loriot) und Paul Wunderlich gehörten. Von Mahlau erschien eine Sammlung seiner Helgoländer Arbeiten in Buchform. In diesen Jahren lebte der für seine verschiedenen Sammlungen bekannte Arzt Dr. Walter Kropatscheck auf der Insel. Er konnte tiefgehend und zugleich lustig den gemeinsamen Kampf um die Kunst und gegen den Rotwein mit Franz Radziwill beschreiben oder über ein erbittertes Feilschen mit Horst Janssen um das Blatt „Der Teufel und die Nonne" erzählen.

In den jüngeren Jahren gehörten Bernd Franke und Hans-Peter Wirsing ebenso zu den prägenden Figuren, wie die Gruppe der norddeutschen Realisten, die sich 1998 zu einem Plein Air-Symposium auf der Insel trafen. Zu den Realisten zählen Friedel Anderson und Erhard Göttlicher, deren Werke recht unterschiedliche Eindrücke der Insel vermitteln.

Hans-Peter Wirsing, der sich als klassischer Marinemaler in der Tradition der van de Veldes verstand, überragte in seinen Arbeiten durch seine zeichnerische Genauigkeit, seine Kenntnis der Schifffahrt und der See sowie durch die kreative, oft überraschende Umsetzung seiner „Ansichten".

Bernd Franke und Hans-Peter Wirsing fühlten sich der Insel lange Jahre verbunden und dokumentierten einige Dekaden der jüngeren Geschichte. Ihre Gemälde finden sich in vielen Haushalten und insbesondere in der Galerie des Hotel Rickmers Insulaner. Wirsings detaillierte, surrealistische Arbeiten zeugen von der genauen Kenntnis der Geschichte und bieten viel Spielraum für Interpretation.

In die Zukunft weisen die vermittels der digitalen Malerei entstandenen Bilder des Stuttgarter Künstlers Gerd Schwanitz. Sie zeugen von der anhaltenden Attraktivität Helgolands als Ziel und Motiv für junge Künstler und Kunstformen.

Gerd Schwanitz - Lange Anna

„Zum Fotografieren braucht man Zeit.
Wer keine hat, kann ja knipsen.“

Verfasser unbekannt

Insel der Fotografie
- Von den Anfängen zum heutigen Hotspot

Wie zumeist in der Geschichte, gibt es für große neue Entwicklungen nicht das *eine* Datum und die *eine* Person. Das gilt ebenso für die Fotografie. Aber das Jahr 1826, in dem Josef Nicéphore Niépce die erste lichtbeständige Fotografie gelang, indem er acht Stunden lang den Blick aus seinem Arbeitszimmer ablichtete, markiert einen entscheidenden Durchbruch.

Im Jahr 1829 schloss er mit Louis Daguerre einen Vertrag zur gemeinsamen Verbesserung der Technik und 1839 verkündet die französische Akademie der Wissenschaften die Erfindung der Fotografie (Daguerreotypie). Bis zur Industrialisierung durch die erste Rollfilm-Kamera im Jahr 1888 blieb die Fotografie eine Technik für Pioniere.

Zu diesen gehörte der Helgoländer Johann Jacob Friedrichs. Wann genau er seine fotografische Karriere begann, ist nicht nachgewiesen, aber aus dem Jahr 1874 existiert eine Aufnahme, die ihn als Hofphotographen des Herzogs von Connaught ausweist. Dieser besuchte im Jahr 1872 die Insel. Zu diesem Zeitpunkt muss Friedrichs so etabliert gewesen sein, dass er fortan den Titel tragen durfte.

Fotograf: J. J. Friedrichs, um 1875

Fotograf: G. Friedrichs

Von ihm sind einige Außenaufnahmen der Insel erhalten. Mit der Übernahme des Ateliers durch seinen 1857 geborenen Sohn Gustav dürfte eine der ersten generationsübergreifenden Fotografen-Familien entstanden sein. Auch von Gustav existieren etliche Naturbilder. Er widmete sich aber mehr der Produktion touristischer Souvenirs. Sie zeigten die Inselgäste in Helgoländer Kostümen und in den zu der Zeit beliebten Kulissen mit typischen Szenen des Lebens, wie zum Beispiel als Fischer in einer Helgoländer Slup.

Fotograf: Franz Schensky, ausgezeichnet mit einer Goldmedaille, 1936

Zu Zeiten des Inselsohns und Fotografen Franz Schensky (1871-1957) entwickelte sich die Fotografie zu einer einfachen Möglichkeit, dauerhaft persönliche Erinnerungen zu bewahren. Gäste der Insel nutzten diese Technik intensiv und es entstand eine umfassende fotografische Dokumentation.

Schensky trug den Ehrenring der Gesellschaft Deutscher Lichtbildner, verliehen für seine herausragenden Werke. Bekannt für seine Natur- und Sturmbilder, erlangte er Ruhm als erster Fotograf, der der Öffentlichkeit Fotografien der Unterwasserwelt präsentieren konnte. Im Jahr 1914 erschien sein Werk „Tier- und Pflanzenleben der Nordsee“. Franz Schensky, Fotograf von internationalem Rang, erhielt fünfzig Goldmedaillen für sein Werk.

Lange Zeit dachte man, seine Bilder seien im Zweiten Weltkrieg verloren gegangen. Im Jahr 2003 jedoch tauchten 1.400 seiner Glasplattennegative in einem Helgoländer Keller wieder auf. Sie dokumentieren die Geschichte der Insel von der Übergabe Helgolands durch England im Jahr 1890 bis hin zu ihrem Wiederaufbau nach dem Zweiten Weltkrieg 1952 . Mehrere Bücher und Filme dokumentieren die Arbeiten Schenskys. Heute schreibt die Helgoländerin Lilo Tadday die Geschichte als Mitglied in der Gesellschaft Deutscher Lichtbildner fort.

Helgoland steht seit jeher für eine wechselhafte Geschichte. Die gravierenden Ereignisse im Laufe der Jahre haben eindrucksvolle Spuren auf dem Felsen hinterlassen. Bombenkrater und die Form der Insel zeugen noch heute von der Sprengung 1947, bei der die Insel komplett zerstört werden sollte.

Jochen Blume

Auch der dpa-Fotograf Jochen Blume (*1925) hat eine Verbindung zu Helgoland. Sein Lebenstraum eines Bildes, das durch die Weltpresse geht, erfüllte sich auf der Insel. Mit dem Auftrag der dpa, „Helden zu schaffen“, und ausgestattet mit einer Europaflagge, bat Blume im Dezember 1950 einen Fischer, ihn nach Helgoland zu bringen, wo zu dieser Zeit die beiden Studenten Georg von Hatzfeld und René Leudesdorff die Insel besetzten, um ein Zeichen gegen das Bombardement der Briten zu setzen. Mit seinen Bildern der beiden Männer, die die Europaflagge hielten, einem bewussten Iwojima-Zitat, schuf Jochen Blume hier ein Stück Weltgeschichte.

Nach wie vor bildet der historische Reichtum einen Anziehungspunkt für viele Fotografie-Begeisterte. Zum anderen ist es die Vielfalt der Natur auf engstem Raum, die eine große Motiv-Auswahl begründet. Bei der Anreise fällt der erste Blick auf den roten Buntsandstein-Felsen, der hoch über dem Meer herausragt. Begibt man sich auf Erkundungstour um die Insel, offenbart sich die vielfältige Landschaft in ihrer strahlenden Farbenpracht: die weißen Strände, der rundum grüne Wanderweg auf dem Oberland, das tiefblaue Meer und bislang unentdeckte weitere Motive.

Fotograf: Malte Jäger

Diesen Facettenreichtum der Insel hat der weltweit tätige Berliner Fotograf Malte Jäger für sich entdeckt. Im Fokus stehen bei seinen Arbeiten die Menschen, die er ablichtet. Im Zuge einer Zusammenarbeit mit dem Magazin „GEO" verschlug es ihn erneut auf den Felsen. Die dabei entstandenen Bilder zeigen abseits der klassischen Motive moderne Aspekte und einen Blick für die Eigenheiten der Architektur. Im Jahr 2011 erzielte Malte Jäger einen zweiten Platz bei den „World Press Photo Awards".

Beim weiteren Vordringen präsentiert der Felsen dem aufmerksamen Auge einzigartige Motive aus Flora und Fauna. Darunter die Robben auf der Düne und die Vögel am Lummenfelsen auf dem Oberland. Beides eine Anlaufstelle für jede/n Fotograf/in, der die Insel bereist.

Auch unter den Einwohnern finden sich aktive Fotografen. Regelmäßig unterhalten sie den Fotostammtisch, der ein Treffpunkt für alle Fotografie-Begeisterten ist, sowohl für Insulaner wie für Touristen. Neben diesen sind es die Naturfotografen, die den Standort zu einem Fotografie-Hotspot Europas werden lassen.

Fotografisch beeindruckend festgehalten ist die Insel in dem Buch „Helgoland - oder der Indianer auf der Düne" mit Bildern von Christian Popkes und Text von Dieter Beckhusen. Auf seiner Reise nach Helgoland gelang es dem Hamburger Fotografen, die gesamte Vielfalt dieses Ortes einzufangen. Von Architektur über Natur, bis hin zu den Inselbewohnern, wird Helgoland in diesem Werk authentisch dargestellt. Im Rahmen einer Outdoor-Ausstellung sah man seine Fotografien im Jahr 2004 auf Helgoland an Hauswänden, dem Leuchtturm und sogar unter Wasser.

Dieter Beckhusen schreibt dazu folgende Zeilen: „Wer sich auf Helgoland einlässt, seine räumliche Begrenztheit akzeptiert und seine Sinne öffnet, kann eine Fülle von prägenden und anregenden Erlebnissen haben - Erfahrungen, die in dieser Form auf dem Festland und auf vielen anderen Inseln gar nicht möglich wären."

Einen besonderen Aspekt des Insellebens hielt der Fotograf „Pieter" (Peter) Neumann in den 70er/80er/90er Jahren des letzten Jahrhunderts fest. Es war eine Blütezeit des deutschen Seesegelns. Die Regatten rund um Helgoland gehörten zu den Highlights des Jahres und hatten als Bestandteil der Qualifikation für den Admirals Cup, die Weltmeisterschaft der Hochseesegler, eine große Bedeutung.

Im Helgoländer Hafen
Fotograf: Peter Neumann

Diva
Fotograf: Peter Neumann

Auch die Künstlerin Lia Sáile und der Hamburger Fotograf Kai-Uwe Gundlach erforschten auf ihrer Motivsuche die Insel. Wie Malte Jäger stellte Kai-Uwe Gundlach die Architektur und einzelne Bauwerke in den Mittelpunkt.

Das scheinbar perfekte Bild zu machen, erfordert Ruhe und Geduld. Diese aufzubringen, fällt auf Helgoland leicht. Spannende Herausforderungen und einzigartige Lichtverhältnisse bietet das wechselhafte Wetter rund um die Nordsee und Wolken und Wellen bilden ständig neue Formationen.

Foto: Alfred S. Campbell (1840-1912). Gründer der Campbell Art Company, New York.

„Hier ruht, vom gold'nen Menschheitsbaume,
verweht von einem Wetterschlag,
still eine Knosp' im Blütentraume.
Zur Reife für den jüngsten Tag."

Franz von Dingelstedt

Großes Theater und großes Kino
- Von tödlichen Blitzen, der Wiener „Burg" und Vampiren bis zum Tatort

Die Erzählung der Geschichte von Schauspiel und Film auf Helgoland kann man, ganz artgerecht, mit einer echten Tragödie beginnen.

Im Sommer 1853 weilte die aus Sankt Petersburg stammende Schauspielerin Malwine Erck auf der Insel. Während eines Dünenausfluges erlag sie, am Strande spazierend, einem Blitzschlag. Die beliebte sechsundzwanzigjährige sollte auf dem Friedhof des Oberlandes begraben werden und die ebenfalls anwesenden Künstlerkollegen Friedrich Hebbel, Wilhelm Jordan und Franz Dingelstedt trugen zur Trauerfeier bei. Für ihren Grabstein verfasste Dingelstedt ein persönliches Gedicht.

Wilhelm Jordan nahm die Ereignisse als Vorlage für sein Epos „Feli Dora" und schuf ihr ein bleibendes Denkmal.

Das neue Kurtheater um 1925

Als Schlüsselfigur für die Entwicklung des Theaters auf der Insel gilt Auguste Rudloff. Die Schauspielerin, die zeitweilig zum Ensemble der Wiener Burg gehörte, heiratete Sir Henry Berkeley Fitzhardinge Maxse, den englischen Gouverneur der Insel. Als Lady Maxse konnte sie erheblichen Einfluss ausüben und dazu beitragen, dass im Jahr 1868 ein Inseltheater entstand. Dies führte dazu, dass der erste Auftritt eines Burg-Ensembles außerhalb des Burgtheaters auf Helgoland stattfand. Später leitete Gustav Kammsetzer das Kur-Theater. Unter seiner Regie gab das Helgoländer Ensemble Gastspiele auf dem Festland, unter anderem im Hamburger Carl-Schultze-Theater.

Nicht auf der Insel, aber auf der ganzen Welt bekannt, wurde später der Schauspieler Richard Mansfield, der seine Kindheit auf Helgoland verbrachte. Seine Mutter war ausgebildete Opernsängerin und dürfte ihren Sohn mit dem Bühnenumfeld und den berühmten Schauspielern vertraut gemacht haben. Vermutlich prägte dies seinen späteren Werdegang. Insbesondere seine Rolle als Dr. Jekyll und Mr. Hyde spielte er in London so überzeugend, dass nicht wenige Zuschauer ihn für Jack the Ripper hielten, der zur gleichen Zeit sein Unwesen trieb.

Hans Albers auf Helgoland

Auf der Bühne des Helgoländer Theaters standen große Persönlichkeiten wie Max Devrient, Lotte Lenya, Josef Kainz oder Johann Nestroy. Hans Albers war in der Sommersaison 1913 fest angestellt und spielte in dem Stück „Der gutsitzende Frack" einen Zeitungsberichterstatter. Devrient und Kainz hatten während ihrer Aufenthalte Gastauftritte im Theater.

Nach dem Ersten Weltkrieg entwickelte sich der Berliner Bankier Ernst Wallach, der ein eigenes Haus auf der Insel unterhielt, zum größten Förderer des Kur-Theaters. Das danebenliegende Logierhaus „Empress of India" diente der befreundeten Hamburger Familie Warburg ebenso als regelmäßige Unterkunft wie den Schauspielern und Künstlern.

Treffpunkt der Künstler,
das Hotel Empress of India

Als Geburtsjahr des Films gilt weithin das Jahr 1895 und aus dem Jahr 1908 sind Filmaufnahmen aus Helgoland erhalten. Darunter unter anderem für das Werk „Der heilige Berg" von Regisseur Arnold Fanck, in dem Leni Riefenstahl neben Luis Trenker die Hauptrolle spielte. Die junge und später berühmt-berüchtigte Schauspielerin tanzte darin unterhalb der Felskulisse zur Violinenmusik aus Beethovens Fünfter Symphonie.

Innerhalb der Filmgeschichte sind wohl die Aufnahmen für das Werk „Nosferatu" am bedeutendsten. Basierend auf dem Roman „Graf Dracula", schuf der Regisseur Friedrich Wilhelm Murnau mit den Schauspielern Max Schreck, Gustav von Wangenheim und Greta Schröder eines der großen Kunstwerke dieses Genres. Das letzte Drittel des Filmes wurde auf Helgoland gedreht. Eine neue Interpretation dieses Werkes lieferte im Jahr 2000 Nicolas Cage unter dem Titel „Tanz der Vampire". Dieser Produktion, mit Willem Dafoe in einer Hauptrolle, dient Helgoland ebenfalls im letzten Drittel als Kulisse. Zur Filmgeschichte gehören weiterhin der 1984 gedrehte Tatort „Haie vor Helgoland", in dem Manfred Krug erstmals als Kommissar Stöver auftrat, oder die Aufnahmen für „Das Boot" von Wolfgang Petersen.

Nosferatu Filmplakat

In heutiger Zeit finden sich sowohl Film als auch Theater auf der Insel wieder. Dazu gehören die Helgoländer Schauspieler der „Naikomaiders" ebenso, wie das seit mehr als drei Jahrzehnten regelmäßig auftretende Ensemble des Theaters Schenefeld. Begonnen hat diese Tradition im Jahr 1984, initiiert durch den gebürtigen Helgoländer Max Arnold.

Ein Highlight der jüngeren Zeit waren die Fahrten und Gastspiele des Hamburger Theaters „Das Schiff" von Christa und Eberhard Möbius.

Im Jahr 2017 fanden große Teile der Dreharbeiten des Filmes „Abgeschnitten" nach dem Krimi von Sebastian Fitzek auf Helgoland statt. Hier spielten Schauspieler wie Moritz Bleibtreu und Lars Eidinger auf der Insel.

Neben diesen kreativen oder unterhaltenden Produktionen entstanden in den letzten einhundert Jahren eine Vielzahl an spannenden Dokumentationen und einmaligen Forschungsaufnahmen, die ein breites Spektrum rund um die Insel zeigen.

H. Johannes Wallmann
KLANG FELSEN HELGOLAND (1996)
Landschaftsklang-Komposition

Orgel- und Sopran-Klänge entlang der Felsenküste Helgolands
Uraufführung am 31.8./1.9.1996, Live-Übertragung durch NDR 3

Veranstalter: Kurverwaltung der Insel Helgoland in Kooperation mit NDR 3 und der Evangelischen Kirchgemeinde der Insel Helgoland
Schirmherrschaft: Bundeskanzler Helmut Kohl

Foto: Rainer Dunkel

Klangfelsen Helgoland

- Frisia non cantat, hier doch

Neben Kunstformen wie der Malerei und der Literatur, hat die Musik eine lange Geschichte auf Helgoland. Sowohl die Insulaner selbst als auch von der Insel faszinierte Künstler und Künstlerinnen erhoben sie zum Thema ihrer Werke.

Im Jahr 1893 komponierte Anton Bruckner die Symphonie „Helgoland" für Männerchor und großes Orchester. Sie war ein Auftragswerk für die 50-Jahr-Feier des Wiener Männergesangvereins und gilt als letztes vollendetes Werk Bruckners. Die Kantate handelt vom sächsischen Volk Helgolands, welches erst von der römischen Invasion bedroht -, dann aber durch göttliche Intervention gerettet wird. Der Text stammt von August Silberstein. Drei Jahre vor der Veröffentlichung kam Helgoland aufgrund des „Sansibar-Vertrages" von England zu Deutschland und dies gilt als Grund für den kraftvollen und enthusiastischen Klang.

Sentimentale Sehnsucht nach Helgoland

In den „Roaring Twenties" gehörten die sonntäglichen Jazz-Matinéen auf der Terrasse des „Hotel Empress of India" ebenso zum Inselleben, wie die Auftritte vieler Künstler in den „Mocca-Stuben". In diesen Jahren sang ganz Deutschland das Lied „Kleine Möwe flieg nach Helgoland" von Bruno Balz.

Er galt als einer der berühmtesten Verfasser von deutschen Schlagern. Den Titel interpretierten unter anderem Curd Jürgens und Hans Albers.

Ein kunstvolles Werk schuf H. Johannes Wallmann mit „Klang Felsen Helgoland". Diese Landschaftsklang-Komposition wurde am 31.8. und 1.9.1996 auf Helgoland aufgeführt und live von NDR 3 übertragen. Als Schirmherr fungierte Bundeskanzler Helmut Kohl.

In den fünfziger Jahren gehörte der Opern-, Gospel-, Schlagersänger und Schauspieler Kenneth Spencer zu den regelmäßigen und gern gesehenen Gästen der Insel. Mit seinem Lied „Heimweh nach Virginia", in dem er von einer neuen Heimat und schwerer Sklavenarbeit in der Sonne heißen Brand singt, lieferte er die Hymne der Wiederaufbaujahre. Damit konnten sich die Insulaner identifizieren, die die Zeit der Evakuierung von 1945 bis in die Fünfziger Jahre frisch in Erinnerung hatten. Vorwiegend abends, mit Schnaps, Selbstironie und Inbrunst, bemitleideten sich die Insulaner und beklagten ihr „Sklavendasein" der vergangenen Jahre und jetzt, auf der wieder entstehenden Insel.

Gern auch gemeinsam mit Kenneth Spencer. Je später der Abend, desto heftiger litten die Sänger unter Heimweh und Brand, wobei die Sehnsucht nach Virginia individuell variierte.

Wie so manches aus den Fünfziger - und Sechziger Jahren, ist dieses Lied heute in Vergessenheit geraten. Seit Jahrzehnten gibt es aber eine andere, sprituelle Hymne der echten Einwohner. Zur Melodie von „Michael Row the Boat Ashore“ wird auf Helgoländisch gesungen: „Sköll we noa en lettschen nemm?“, gefolgt von einem langen und intensiven „Halleluja“.

Die Helgoländer Karkfinken

Dieses Lied ist aus dem Repertoire der Helgoländer Karkfinken, dem traditionsreichen Shanty-Chor der Insel, nicht wegzudenken. Die Karkfinken sind mit ihrer Musik Botschafter der Insel. Sie traten als Gäste großer Fernsehshows auf, bereicherten den Karneval und rockten das Münchner Oktoberfest - und Bonn.
So, wie in Wacken die Feuerwehrkapelle das Metal Festival eröffnet, geben die Karkfinken die Bühne für die seit 2003 stattfindende Rock ‚n‘ Roll Butterfahrt frei.

Immer zum ersten Mai-Wochenende findet das dreitägige Festival auf der Düne statt und ist meist Monate vorher ausverkauft. Traditionell treten „Die Mimmi's“ als Headliner auf.

Rock ‚n‘ Roll auf der Düne

Die musikalische Vielfalt der Kompositionen und Auftritte rund um Helgoland reicht von Klassik, Volksmusik, Shanty, Bigband-Sound über Schlager und die Neue Deutsche Welle, Rock, Punk und Trip Hop bis zum Jazz und experimenteller Musik.

Vicky Leandros mit ihrem neuen Cabrio vor dem Kurhaus

Sie ist verknüpft mit Namen wie Freddy Quinn, James Last, Marianne Rosenberg, Achim Reichel, Niko, Heino, Die Toten Hosen oder Ina Müller, Massive Attack und Deborah Sasson. Von Skandinavien bis Australien benennen sich Bands nach dieser Insel oder finden Inspiration in diesem Thema.

In den 1960ern erhielt Vicky Leandros auf Helgoland nicht nur ihre erste Goldene Schallplatte, sondern zudem ein weißes BMW Cabriolet von ihrem Produzenten geschenkt.

Für emotionale musikalische Momente auf Helgoland sorgte Katja Ebstein. Sie gehörte zum engen Freundeskreis des Helgoländer Autors James Krüss und sang zu seiner Trauerfeier 1997 in der Inselkirche.

Die Kirche bildet seit Jahrhunderten einen Mittelpunkt der musikalischen Entwicklung der Insel. Das raue und im Winter feuchte Klima stellt eine extreme Belastung für klassische Orgeln dar und so verwundert es nicht, dass eine der ersten und insgesamt wenigen Flaschenorgeln, die je existierten, hier ihren Platz fand.

Die neue Inselkirche

Die seit Jahrzehnten bestehende Reihe der Helgoländer Kirchenkonzerte setzt die lange Tradition in der nach dem Zweiten Weltkrieg neu gebauten Kirche bis heute fort. Aufgrund ihrer hervorragenden Akustik kommen regelmäßig exzellente Musiker zur Insel, deren Konzerte man oft im kleinsten Kreis genießen kann. Einen Höhepunkt bildete 1993 das Konzert von Sviatoslav Richter. Er wollte unbedingt Edvard Griegs „Peer Gynt" und „Claras Sang von Helgoland" auf dem romantischen Felsen spielen. Zur Unterstützung dieser Atmosphäre ließ er die Kirche ausschließlich mit Kerzenlicht ausleuchten.

Unter den vielen musizierenden Helgoländern sind neben dem Shanty-Chor der Karkfinken auch Musiker der Schülerband Red Cliffs aus den frühen Sechziger Jahren überregional bekannt geworden. Die vier Insulaner Paul Botter, Heiko Effertz, Peter Krüß und Jan Tychsen besaßen außergewöhnliches Talent. Peter Krüß prägte über Jahrzehnte mit den Karkfinken und den Skiirskotten das musikalische Leben der Insel.

Paul Botter - Von den Red Cliffs zu den Elephants

Heiko Effertz ging aufs Festland und spielte unter anderem in der Band „Lake". Ebenso verließ Paul Botter die Insel und gründete später in Hamburg die Band „Elephant". Für seine Heimat schrieb er den Song „Rocks in the Sea". Die Gruppe galt in den Achtziger Jahren in Hamburg als beste Live-Formation. Wenn auch der ganz große Durchbruch nicht gelang, bleiben sie doch mit Hits wie „I don't wanna lose you" oder „Just tonight" sowie durch ihre Auftritte mit Mitch Ryder und den Beach Boys in Erinnerung. Mindestens einmal im Jahr treten die Elefanten in Originalbesetzung auf Helgoland auf.

Vielleicht ergänzt eines Tages Herbert Grönemeyer die Liste der Musiker auf der Insel. Er hat angekündigt, im Alter von 89 Jahren sein Abschlusskonzert in der „Kurmuschel" auf Helgoland zu geben.

Gustav Burwig und Ludwig Max widmeten dem Helgoländer Gouverneur Sir John Terence Nicholls O'Brien das Lied „Mein Helgoland". O'Brien war in den Jahren 1881–1888 Gouverneur der Insel.

„Helgoland ist die „Blaue Mauritius“ der jungen bundesrepublikanischen Architektur.“

Dr. Johannes Habich

Der Wiederaufbau und das neue Helgoland
- Vom Fischerhaus zum Bauhaus

Wenige Tage vor Ende des Zweiten Weltkrieges, am 18. April 1945, zerstörten die Alliierten das alte Helgoland durch einen großen Angriff mit knapp 1.000 Bombern vollständig. Diese Zerstörung vernichtete die bestehende Architektur und die Sprengung der unterirdischen Bunkeranlagen mit 6.700 Tonnen Explosivmaterial veränderte 1947 die Topographie. Bis zur Freigabe der Insel am 1. März 1952 diente der Fels als Übungsziel der britischen Luftwaffe. Somit fehlten für den Wiederaufbau jegliche Bezugspunkte. Man stand vor der einmaligen Gelegenheit, einen historisch über lange Zeit gewachsenen Ort von Grund auf neu erfinden zu können.

Sofort im Jahr 1952 erfolgte ein Ideen-Wettbewerb für die Neubebauung Helgolands und mehr als dreihundert Architekten-Entwürfe mussten gesichtet und bewertet werden. Die Spannweite der Ideen reichte vom Nachbau der gesprengten Felsstrukturen in Stahl-Glas-Konstruktion eines Hans Scharoun bis zur Rekonstruktion der alten Insel-Architektur. Schnell kristallisierte sich heraus, dass der Charakter des alten, eng und kleinteilig gebauten Fischerortes und Seebades erhalten bleiben sollte. Diese Vorgabe resultierte auch aus dem Zuschnitt des verbliebenen Grundeigentums.

Ein ungebauter Entwurf von Fritz Schleifer

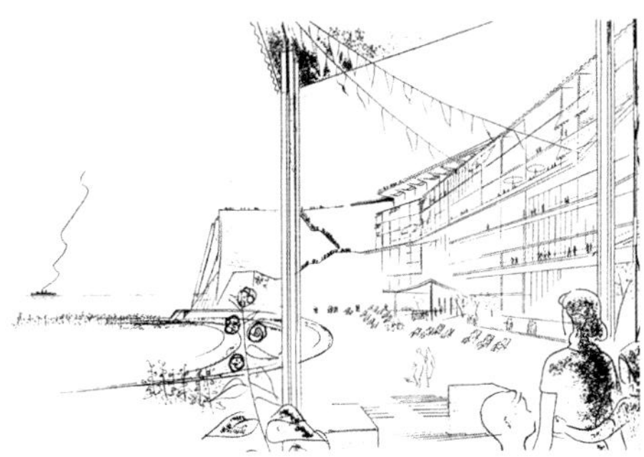

Hans Scharoun - Ein neues Helgoland

Von den in knapp zweihundert verschiedene Ortschaften evakuierten Helgoländern wollten mehr als neunzig Prozent umgehend zurück auf die Insel. Obwohl die wesentlichen Eckpunkte der Struktur erhalten blieben, konnten einige Grundstücke in der alten Form nicht mehr genutzt werden. Als zu groß erwiesen sich die landschaftlichen Veränderungen durch die Zerstörung und Sprengung. Vor dem Bauen stand daher eine Grundstücksumlegung, die in ihren Abhängigkeiten einem Dominospiel glich.

Die entstandene Architektur ist kein reiner Bauhaus-Stil, aber die Philosophie lässt sich exemplarisch ablesen. Da ist zum einen die Idee des gleichberechtigten, auch egalitären Wohnens, das auf Helgoland durch - unter anderem - „Sonneneinstrahlung und Seesicht für alle“ umzusetzen versucht wurde. Zum anderen zeigt die Bebauung den typischen ganzheitlichen Ansatz mit puristischer Reduktion auf die Funktionalität, Betonung auf geraden Linien, glatten, schlanken Formen und einfacher Reproduzierbarkeit. Wenn sie heute durch Helgoland spazieren, sehen sie exakt die Architektur, die Walter Gropius 1926 in seiner Definition des Bauhaus‘ beschrieb: „Organische Gestaltung der Dinge aus ihrem eigenen gegenwartsgebundenen Gesetz heraus, ohne romantische Beschönigungen und Verspieltheiten. Beschränkung auf typische, jedem verständliche Grundformen und -Farben. Einfachheit im Vielfachen, knappe Ausnutzung von Raum, Stoff, Zeit und Geld.“

Sucht man einen Namen für die Architektur Helgolands, ist es am ehesten die „Nordische Einfachheit“. Es ging schon damals darum, dem Menschen ebenso gerecht zu werden wie der Natur.

Wohnhäuser zu schaffen, die dem einzelnen Raum zu seiner Entfaltung geben, ohne zur Belastung zu werden, weder für die Bewohner selbst noch für ihre Nachbarn. Weder für das ästhetische Empfinden noch für das ökologische Gleichgewicht.

Der Schlüssel dazu ist nicht nur Einfachheit, sondern auch Reduktion und Effizienz in Verbindung mit Bequemlichkeit und Ästhetik. Der damalige Landeskonservator Schleswig-Holsteins, Dr. Johannes Habich, würdigte die Gesamtleistung des Wiederaufbaus 1993 mit folgenden Worten: „Helgoland ist die Blaue Mauritius der jungen bundesrepublikanischen Architektur.“ Heute steht fast die gesamte Architektur der Insel unter Denkmalschutz.

Die Farbpalette von Johannes Ufer

Nach Fertigstellung der ersten Versuchshäuser stellten die Planer schnell fest, dass sie es mit der Einheitlichkeit zu weit getrieben hatten und die Bauten langweilig wirkten. Daraufhin erhielt der Hamburger Künstler Johannes Ufer den Auftrag, eine eigenständige Farbgebung für die Ortschaft zu entwickeln. Er orientierte sich an den natürlichen Farben der Umgebung und es entstand eine Palette aus dreizehn Farbtönen, die heute die Insel prägen.

Im Unterland sind die Häuser in kräftigen blauen, roten und grünen Farben gehalten, damit sie sich optisch vom roten Felsen absetzen. Im Gegensatz dazu steht die Gestaltung auf dem Oberland, denn hier gibt es als weitere große Farbfläche lediglich die des Himmels. Daher wählte Johannes Ufer hier ein Cremeweiß als dominierende Farbe. Als Kontrast gestaltete er die Dächer und sogar die Giebelwände einiger Häuser schwarz, um eine klare Abgrenzung zu schaffen und ein Flimmern zu vermeiden.

Am 10. August 1965 besuchte Bundeskanzler Ludwig Erhard das weitestgehend fertiggestellte neue Helgoland.

Aus architektur-historischer Sicht gehört das Bau-Ensemble der Insel zu den wenigen auf dieser Welt, in denen eine bestimmte Epoche in geschlossener Form erhalten geblieben ist. Vergleichbar etwa mit Brasília in Brasilien oder Canberra in Australien.

*„Und nun Helgoland! (...) Wer so etwas noch nicht gesehen hat,
datiert ein neues Leben von einem solchen Anblick,
und liest alle Beschreibungen von Seereisen mit neuem Sinn."*

Georg Christoph Lichtenberg

Der alte Fels und das Meer
- Von der Seefahrt, den Marinen der Weltmächte, dem Luxusleben und der Forschung

Im Tertiär, vor circa sechzig Millionen Jahren, bewegte sich die Erde unter der heutigen Nordsee. Durch zunehmenden Druck und Feuchtigkeit quoll eine tiefliegende Salzschicht auf und wölbte die darüber liegenden Buntsandstein- und Kreideschichten bis an die Erdoberfläche. Der rote Buntsandsteinfelsen und das weiße Kreidekliff erschienen auf der Landkarte.
Vor gut 10.000 Jahren endete in unseren Breiten die letzte Kaltzeit. Nach Eis und Schnee erblühte eine riesige Tiefebene, die das heutige Friesland, Niedersachsen und Schleswig-Holstein umfasste und im Norden und Westen von Skagen über die Doggerbank bis England reichte. Nahezu in der Mitte dieser Landschaft ragten die beiden Felsformationen als weithin sichtbare Landmarken hervor.

Das heilige Land

Schnell besiedelten unsere Vorfahren das nun fruchtbare Land und man kann sich vorstellen, dass das hoch gelegene Felsplateau als Ort für besondere Ereignisse wie Sonnenwendfeiern und große Begräbnisse diente. Gräber aus der Steinzeit sowie aus der Kupfer- und Bronzezeit sind hier dokumentiert. So erhielt der Ort seinen Namen: das Heilige Land, det hellge land, Helgoland. Ob demzufolge alle Bewohner des Landes Heilige sind, ist bis heute umstritten.

Mit dem ständigen Anstieg des Meeresspiegels breitete sich die Nordsee aus. Der Ärmelkanal entstand und die Felsen blieben nur noch über eine Landbrücke zur Eiderhalbinsel mit dem Festland verbunden. Vor etwa viertausend Jahren brach diese letzte Verbindung und die Insel entstand.

Öffnung eines frühzeitlichen Steingrabes 1893 mit J. A. Siemens

Wissenschaftlich gesichert ist eine frühe Kupferverhüttung, zu deren Umfang es unterschiedliche Annahmen gibt. Einige Forscher vermuten einen enormen Reichtum in dieser Zeit und vertreten dieThese: Atlantis lag bei Helgoland.

Während der Zeit der griechischen und römischen Antike bildete die Insel einen Bestandteil der Bernsteinstraße. Diese stellte einen der großen Handelswege dar, auf der Güter zwischen Skandinavien und dem Mittelmeerraum transportiert wurden. Der Entdecker Pytheas von Massalia beschrieb mit „Abalus" vermutlich Helgoland und hielt fest, dass dort so viel Bernstein vorhanden sei, dass dieser im Winter zum Heizen genommen werde. Circa vierhundert Jahre später, um das Jahr 100 n. Chr., beschrieb der Römer Tacitus Helgoland als einen „heiligen Hain" in der Nordsee.

Genauere Überlieferungen gibt es dann wieder aus den Jahren um 700. Der Friesenkönig Radbod herrschte über ein Reich von der Rheinmündung bis zur Weser, bis er um das Jahr 689 bei Dorestad (nahe Utrecht) eine Schlacht gegen den Franken Pippin den Mittleren verlor. Die Franken versuchten, die Christianisierung des Nordens voranzutreiben während der Friesenkönig sein eigenes Reich und die eigenen Götter sichern wollte. In der Folge floh er auf das sichere Helgoland, von wo aus er sein Reich weiter regierte und seine Rückkehr vorbereitete.

Es existieren eine Reihe von Legenden, welche die Christianisierungs-Versuche des Königs Radbod durch den Missionar Willibrord auf Helgoland beschreiben. Sie können aber nicht erfolgreich gewesen sein, denn im Jahr 716 führte der König ein friesisches Heer bis zum christlichen Köln, wo er dem Franken Karl Martell seine einzige Niederlage zufügte.

Radbod und Willibrord

Auf früheren Karten von Helgoland ist der Radbod-Berg verzeichnet und der Legende nach ruhte hier der König in einem Steinsarg.

Die nächste gesicherte Erwähnung stammt vom Chronisten Adam von Bremen, der im 11. Jahrhundert die Insel als Heiligland beschreibt.

Fischer, Lotsen und Piraten

Die großen Ereignisse der Weltgeschichte sollten weiterhin ihre Spuren hinterlassen, aber für die Insulaner rückte der tägliche Kampf ums Überleben durch Seefahrt und Fischerei immer mehr in den Mittelpunkt. Neben dem Fischfang bildeten das Strandrecht und die Dienstleistungen für die Helgoland als Ansteuerungspunkt nutzenden Handelsschiffe die Existenzgrundlage.

Störtebekers Gefangennahme vor Helgoland, 1401

Den Insulanern wird vielfach Piraterie nachgesagt, nur findet sich keine Quelle, die dies belegt. Als Stützpunkt hätte sich die Insel geeignet, jedoch wären die wertvollen Schiffe leicht zu finden, anzugreifen oder zu blockieren gewesen. Es spricht vieles dafür, dass Helgoland als Schutzhafen diente und im historischen Werk des Heinrich Smid aus dem Jahr 1839 ist festgehalten, dass der Pirat Störtebeker „den rothen Hahn auf das Dach der schuldlosen Insulaner setzte“. So ist es wahrscheinlich kein Zufall, dass Störtebekers Gefangennahme am 22. April 1401 vor Helgoland erfolgte.

Die erste Feuerblüse auf dem Oberland

Trotzdem profitierten die Einwohner lange Zeit vom Schiffbruch und Unglück der Seefahrer. Die Felsenriffe stellten ein gefährliches Hindernis dar und bei jeder Strandung versuchten die Helgoländer, oft unter Einsatz ihres Lebens, Schiff, Ladung und Mannschaft zu bergen. Im Erfolgsfall verblieb ein hoher Gewinn, obwohl dieser mit den jeweiligen Landesherren geteilt werden musste. Erst im 17. und 18. Jahrhundert veränderte sich die Perspektive und zunehmend entwickelte sich die Sicherheit der Schifffahrt zur Einnahmequelle. Für den Betrieb einer Feuerblüse, als Vorläufer der späteren Leuchttürme auf dem Oberland, zahlte die Stadt Hamburg viel Geld und die Helgoländer Fischer nutzten ihr Können und ihre Revierkenntnisse als Lotsen. Gegen Ende des 18. Jahrhunderts besaßen bis zu neunzig Prozent der erwachsenen Männer das Lotsenpatent.

Napoleon, England und das Seebad

Dann besuchte die Weltgeschichte für einige Jahre die Insel. Auf dem Weg nach Kopenhagen, um die dänische Flotte vor der Eroberung durch Napoleon zu zerstören, eroberte die englische Flotte am 5. September 1807 die zu dieser Zeit dänische Insel.

Die Übernahme Helgolands
durch eine englische Fregatte, 1807

Der Handel Englands mit dem Kontinent fand dennoch statt, jedoch in Form des Schmuggels. Dieser lief im Süden Europas über Gibraltar und Malta und im Norden ausschließlich via Helgoland.

Die profunden Kenntnisse der Nordsee und des Wattenmeeres bildeten für die Helgoländer Seeleute eine ideale Grundlage für diese Form des Handels. Binnen zwei Jahren wuchs Helgoland zum größten Umschlagzentrum Europas und bis zu dreihundert Segelschiffe lagen auf Helgoland-Reede, um hier Waren, Diplomaten und Spione zu verschiffen. Im gesamten britischen Empire kannte man die Insel als „Klein London". Umgeladen auf die inseltypischen Slupen, die in ihrer Rumpfform den heutigen Börtebooten entsprachen, ging es über Schleichwege durch das Wattenmeer. Der Dichter und Forscher Adelbert von Chamisso nutzte den Trubel und flirtete hier nach eigenem Eingeständnis „über alle Maßen" und der von Napoleon geschlagene und aus Schweden verwiesene Gustav Adolf IV. suchte vorübergehend Asyl auf dem Fels.

„Golden Era", Reichtum und Unglück
im Überfluss

Mit dem Sieg über Napoleon endete diese „Golden Era". England vergaß den nun unwichtigen Felsen und die Insulaner fielen nach der kurzen Phase der „Bubble Economy" in bittere Armut, da sich zwischenzeitlich Lotsenbrüderschaften an der Küste gebildet hatten und den Weg zurück zur vorherigen Existenz verhinderten. Der Autor Frank Lynder beschreibt in seinem Buch „Spione in Hamburg und auf Helgoland" diese Zeit anschaulich und spannend.

Es dauerte dreizehn Jahre bis 1826 der Visionär und vielseitig begabte Helgoländer Jacob Andresen Siemens mit seiner Idee der Gründung eines Seebades Erfolg hatte. Vom gelernten Bootsbauer sind bedeutende Zeichnungen und Bücher ebenso überliefert, wie seine Geschichte als Gründer einer Aktiengesellschaft für das Seebad Helgoland und als Lehrherr von Rickmer Clasen Rickmers. Dieser schuf im 19. Jahrhundert einen der weltgrößten Konzerne als Schiffbauer, Reeder und Reiskaufmann. Es ist sicherlich nicht falsch, anzunehmen, dass die Persönlichkeit von R. C. Rickmers stark vom Lehrherren Siemens geprägt wurde.

Die erste Ansicht des Seebades aus dem Jahr 1826, von J. A. Siemens

Das „Kleine England", nur wenige Stunden vor Hamburg gelegen, entwickelte sich zügig zu einem der führenden Bäder Europas. Im Jahr 1833 erhielt die Insel eine Spielbank und der Hamburger Reeder und Senator Godeffroy gehörte zu denjenigen, die sich von Siemens inspirieren ließen. Mit dem Schiff „Patria" richtete er 1834 einen Liniendienst von Hamburg nach Helgoland ein.

In der Helgoländer Spielbank, um 1860

Das kulturelle und gesellschaftliche Leben prägten die großen Namen Europas. In den täglich erscheinenden Fremdenlisten konnte man studieren, wer anreiste und fand Namen wie Schaumburg-Lippe, Esterházy , Duke of Connaught, die Preußens oder Thurn und Taxis. Vom Fürsten Karl von Thurn und Taxis ist überliefert, dass er während der Seehundjagd auf der Düne beinahe sein Leben verloren hätte. Als ambitionierter Jäger versteckte er sich in zusammengerafftem Seetang, unter dem er stundenlang regungslos ausharrte und auf einen an den Strand kommenden Seehund hoffte. Als er sich nach langem, erfolglosem Warten aus seiner Tarnung wühlte, feuerte ein weiterer Schütze, in der Hoffnung endlich einen Seehund zu erlegen. Glücklicherweise ging der Schuss daneben.

Für die Einwohner brachte die Entwicklung des Seebades die größte Veränderung seit Jahrhunderten. Fischer und Seefahrer wandelten sich zu Dienstleistern und Gastgebern. Der Segelmacher Peter M. Rickmers zum Beispiel eröffnete mit seiner Frau „Ti" das Geschäft eines Greengrocers, aus dem sich später eine Großhandlung, eine Schiffsausrüstung und der Betrieb des Hotels „Empress of India" entwickelte. (Vereinzelte Stimmen behaupten allerdings hartnäckig, der Wandel sei bis heute nicht bei allen gelungen.)

Anzeige aus dem Helgoländer Gastgeber-Verzeichnis von 1908

Fastfood in der guten alten Zeit, Kaviar to go

Die Seefahrt blieb weiterhin Bestandteil des Lebens, denn nun bootete man die Gäste ein und aus und der Bedarf an frischem Fisch, vor allem aber an Austern und dem viel gelobten Helgoländer Hummer, stieg. Firmen vom Festland siedelten sich an und die Kette der „Caviar-Stuben - London, Genf, Berlin, New York, Helgoland" - bot Kaviar und Champagner to go.

Andere handelten mit vorrangig englischen und dänischen Luxuswaren, die man hier besonders günstig erwerben konnte, denn London gewährte der Insel Steuervorteile, um die ständigen Zuschüsse zu reduzieren.

Das Deutsche Reich, Wilhelm II. und die Weltkriege

Während Helgoland eine Blütezeit genoss, veränderte sich die Welt und es entstanden weit entfernt große Pläne für das kleine Eiland.

Mit Gründung des Deutschen Reiches im Jahr 1871 erlangte die Insel eine veränderte strategische Bedeutung. Das junge Deutsche Reich hatte sich in die Riege der großen Industrie-Nationen eingereiht und sah seine Zukunft unter anderem in großen Kolonien. Dazu musste der Weg zur Hochsee gesichert werden. Der Kaiser Wilhelm-Kanal zwischen Ostsee und Elbe entstand, auch, um schnell starke Flottenverbände zusammenführen zu können.

Kaiser Wilhelm II. auf der Landungsbrücke

Vor der Elbmündung lag das englische Helgoland und stellte ein Risiko dar. Für die Sicherung des Zugangs zu den Weltmeeren galt ein deutsches Helgoland mit möglichst weitreichenden Kanonen auf dem Oberland als unabdingbar. Bereits im Jahr 1871 begannen im Auftrag Bismarcks Verhandlungen zwischen Deutschland und England. Gegen den Willen von mehr als neunzig Prozent der Insulaner und Königin Victoria, unterzeichnete der Premier Lord Salisbury 1890 den sogenannten Helgoland-Sansibar-Vertrag. Darin verzichtete das Deutsche Reich auf Schutzgebiete, die etwa dem heutigen Uganda entsprechen sowie auf Handelsrechte auf Sansibar.

Direkt im Jahr 1890 besuchte Kaiser Wilhelm II. das nun deutsche Helgoland, um die Insulaner für sich zu gewinnen und seine späteren Festungsbauten vorzubereiten. Aus diesem Anlass schenkte er den Einwohnern die Mittel für den Bau eines großen modernen Krankenhauses. Auf der Insel gingen alle davon aus, dass man den Kaiser nie wieder sehen werde und befand, dass ein modernes Schwimmbad viel nützlicher wäre. Drei Jahre später besichtigte der Kaiser das neue Bad und sah sich gezwungen, gute Miene zum bösen Spiel zu machen.

Der Binnenhafen zur Zeit des Ersten Weltkrieges

Ab 1906 begann der Bau eines großen Kriegshafens auf den südlichen Austernbänken. Das Erscheinungsbild der Insel veränderte sich und die neuen Flächen vermittelten teilweise einen industriellen Eindruck.

Trotz der enormen strategischen Bedeutung ließ der Erste Weltkrieg die Insel unter dem Schutz der großen Kanonen auf dem Oberland weitgehend unberührt. Die Einwohner jedoch evakuierte man sofort mit Kriegsausbruch von der zum Frontgebiet erklärten Insel. Nach Kriegsende fanden sie ihre Häuser äußerlich unzerstört, aber ramponiert und geplündert vor.

Das Seebad während des Ersten Weltkrieges

Der Versailler Vertrag regelte die Schleifung der Festung Helgoland, die von 1920 bis 1922 unter Aufsicht der Alliierten erfolgte. Davon unbeeindruckt, nahmen die Stammgäste aus der Vorkriegszeit und neue Besucher das Seebad in Besitz. Die Überlebenden des Krieges feierten sich und die „Roaring Twenties" ausgiebig und genussvoll bis die Weltgeschichte, diesmal in Form von Adolf Hitler, die Insel wieder besuchte. Aufbauend auf den kaiserlichen Plänen, entwarf das Tausendjährige Reich das „Projekt Hummerschere", mit dem Ziel, die Fläche der Insel zu vervielfachen.

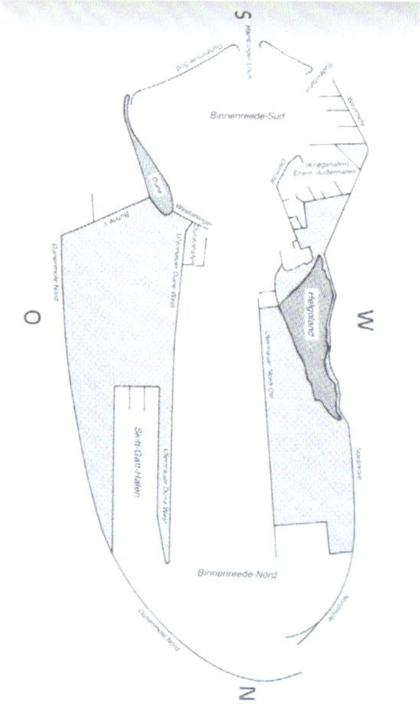

Das „Projekt Hummerschere" aus dem Tausendjährigem Reich

Anders als im Ersten Weltkrieg, besaßen die Luftwaffen die Fähigkeit, Schlachten oder Kriege zu entscheiden. Trotz 2.700 installierten Kanonen konnte ein konzentrierter Angriff mit knapp 1.000 Bombern am 18. April 1945 nicht abgewehrt werden. Nach fünfzehn Minuten waren alle Verteidigungswaffen ausgeschaltet und die wehrlose Ortschaft konnte vollständig zerstört werden. Nahezu alle Insulaner überlebten weitgehend unversehrt in den unterirdischen Bunker-Anlagen, mussten aber von der unbewohnbaren Insel evakuiert werden.

Unmittelbar nach Kriegsende erklärte England den Felsen zu einem Sperrgebiet und Bombenübungziel. Mit erheblichem Aufwand und unter beträchtlichen Gefahren, transportierte die Siegermacht in den folgenden zwei Jahren circa 6.700 Tonnen Munition und Sprengmittel auf die Insel und lagerte und verdrahtete sie dort in den unterirdischen Bunkeranlagen. Am 18. April 1947 erfolgte mit der Operation „Big Bang" die bislang größte nicht-nukleare Sprengung der Weltgeschichte. Die Bombardierungen setzten sich bis 1952 fort.

Der Hintergrund und die Ziele der englischen Aktionen bieten bis heute Raum für Spekulationen. Die Historie und Chronologie legen die Vermutung nahe, dass England nach den Erfahrungen beider Weltkriege einen Weg suchte, die Insel dauerhaft unbewohnt - und im eigenen Einflussbereich zu halten. Dafür spricht auch die Tatsache, dass den Insulanern der Flüchtlingsstatus und damit zugleich ein eigener politischer Handlungsspielraum verwehrt blieb.

WARTIME AIR VIEW SHOWS HELGOLAND'S TOWN AND HARBOR WORKS

VAST 2-MILE-HIGH SMOKE CLOUD HIDES ISLAND MOMENT AFTER CHARGES ARE SET OFF

IN THE NORTH SEA, just above the Channel, 160-acre Helgoland lies 285 miles from London, 95 from Hamburg.

HELGOLAND GOES UP

British destroy German fortress so it cannot menace them a third time

One sunny day last week the red-cliffed island of Helgoland, 28 miles off Germany's North Sea coast, disappeared in a towering column of tinted smoke. Two hundred and seventy-five miles away a delicate seismograph needle set in mountain rock swung crazily for a full three minutes.

When the great smoke cloud finally lifted, Helgoland looked like a fragment of the moon (*opposite*). In its eight miles of subterranean tunnels and beneath its massive concrete U-boat pens, the British navy had detonated 6,700 tons of gelignite, torpedo war heads, depth charges and TNT. Only a few of the houses on the triangular island's peak were left intact.

In two world wars the Germans had used Helgoland as a base for attacks on Britain. It was to make such a use more difficult in another war that the British blew it up. But the Frisian inhabitants, who had all been moved to the mainland, could well wonder if the destruction of their homes had been worth it. V-weapons have already made Helgoland strategically obsolete. And even if it should regain its military importance, there is nothing to stop a country from fortifying it again, as Hitler proved in the '30s.

SHOWERS OF DEBRIS riffle North Sea as rocks, metal and timbers fall away from the rising smoke cloud. Germans had expanded the milelong island with jetties, earthworks and causeways, and early in war they developed the adjoining sandspit of Dünen-Insel as an interceptor airstrip. Helgoland artillery protected mainland bases such as Cuxhaven.

36

Life Magazine

Eine friedliche Invasion und ein neues Helgoland

Der politische Aktivist und Journalist Hubertus Prinz zu Löwenstein erdachte die Aktion einer zivilen Invasion Helgolands, um auf das andauernde Unrecht durch England aufmerksam zu machen. Sein Mitarbeiter und Student Georg von Hatzfeld eilte mit seinem Kommilitonen René Leudesdorff der Aktion voraus.

Ohne Plan, Logistik und organisierte Öffentlichkeit gelangten sie Ende 1950 mit umfangreicher Hilfe der Helgoländer auf die Insel und fanden Schutz in den Resten des ehemaligen Flak-Leitstandes. Die vertriebenen Insulaner informierten im Vorfeld die Presse und der Leiter der dpa sandte den Fotografen Jochen Blume zur Insel, ausgestattet mit dreihundert Mark und dem Auftrag „Bring mir Helden".

Blume hatte eine konkrete Idee zur Umsetzung und organisierte auf dem Weg dorthin eine Deutschland- sowie eine Europaflagge. Mit einem für viel Geld gecharterten Fischkutter erreichte er als erster Journalist die Insel und schoss ein Bild der beiden Studenten mit einem alten Gasleitungsrohr und der Deutschland- und Europa-Flagge daran. Bewusst arrangierte er das Motiv nach der Vorlage des ikonographischen Bildes der Eroberung Iwojimas durch die Amerikaner.

Jochen Blumes Bild, das um die Welt ging

Verbunden mit der Umkehrung des Themas des zivilen Ungehorsams, dessen Fehlen die Siegermächte im Nachgang des Dritten Reiches lauthals bemängelten, erlangte die Aktion die Aufmerksamkeit der Weltpresse.

In dem aufkommenden Kalten Krieg und der Diskussion um die Westbindung der Bundesrepublik konnte sich England die völkerrechtliche Blöße Helgoland nicht länger leisten und übergab die Insel am 1. März 1952 der Bundesrepublik Deutschland. Unzweifelhaft spielten die beiden Studenten in diesem Zusammenhang eine große Rolle, jedoch wird ihr Vorgehen von verschiedenen, unmittelbar Beteiligten unabhängig voneinander kritisch beurteilt.

Helgoland erhielt auf diese Weise den Charakter eines Symbols der jungen demokratischen Bundesrepublik, die sich in dieser Frage gegen eine Siegermacht durchsetzen konnte. Diesen Effekt verstärkte die einmalige Situation des Wiederaufbaus nach einer vollständigen Zerstörung und die bundesweit initiierten Spendenaufrufe.

Die strategische Bedeutung Helgolands und die Militärgeschichte werden in vielen Werken detailliert beschrieben. Dazu gehören die Bücher von Frank Lynder, Kurt Friedrichs, H. P. Rickmers, Jan Rüger und George Drower.

Die 1960er Jahre brachten einen unvergleichlichen Aufschwung und eine weitere Blütezeit des Seebades mit sich. Wenngleich zwischen 1955 und 1965 unter den Vorgaben des sozialen Wohnungsbaus gebaut, galt Helgoland als „state of the art"-Seebad und profitierte von der besonderen politischen Bedeutung. Der erste Vertrag eines internationalen Bundesligaspielers wurde hier ebenso ausgehandelt wie Filmverträge und Firmenfusionen.

Das Seebad um 1960

Die historische Ausnahmesituation beinhaltete zugleich entsprechende Risiken für die Zukunft. Während der Siebziger Jahre entwickelten die Hamburger Unternehmerfamilie Herz, gemeinsam mit der Bavaria Brauerei, der HADAG und der Maritim-Gruppe, Pläne für eine zweite Stufe des Wiederaufbaus.

Aufgrund des großen wirtschaftlichen Erfolges glaubten die Insulaner, darauf verzichten zu können und eine Wählergemeinschaft verhinderte diese Initiative erfolgreich. In der Folge galt die Insel für Investoren als verbrannt und nachdem 1993 große Teile unter das Denkmalrecht fielen, erlahmte fast jegliche Veränderungsinitiative. Helgoland galt auf dem Festland als veraltet, wenig attraktiv und als reines Tagesausflugsziel.

Die geplante zweite Stufe des Wiederaufbaus mit Maritim-Hotel

Die Jahre 2016 und 2017 brachten, circa sechzig Jahre nach der Neuentstehung, eine Wende. Die Beschreibung der Architektur wandelte sich von „Fünfziger Jahre Schuhkarton" zu „einzigartig und unverwechselbar" und die Qualität als Urlaubsort rückt zunehmend in den Vordergrund. Die vielfältige und spannende Geschichte stößt auf immer mehr Interesse und es beginnt die Wiederentdeckung einer alten Leidenschaft.

Von der Neugier zur Forschung und zum Fortschritt

In den Sommern der Jahre 1773 und 1778 besuchte Georg Christoph Lichtenberg die Insel. Alexander von Humboldts Aufenthalt fiel in das Jahr 1790. Beide gehörten zu den klassischen Universalgelehrten und betrachteten die Erkundung der Meeres- und Felslandschaft in der Nordsee als Notwendigkeit. Im Jahr 1835 konnte Christian Gottfried Ehrenberg hier nachweisen, dass das Meeresleuchten um die Insel durch den Einzeller Noctiluca scintillans verursacht wird.

Algen

Die Lage der Insel bot gute Voraussetzungen, denn die unterseeische Felslandschaft beherbergt eine besonders artenreiche Flora und Fauna. Bei einem durchschnittlichen Tidenhub von zweieinhalb Metern fielen zudem mit jeder Ebbe große Teile des Felswatts trocken und waren somit einfach zu erkunden. Davon profitierte auch der Naturphilosoph und Meeresbiologe Johannes Müller. Im Jahr 1845 begründete er auf Helgoland die systematische Erforschung des Planktons. Auch die Bezeichnung „Plankton" entstand hier.

Durch die großen Debatten, die, allen voran, Charles Darwin mit seiner Evolutionstheorie auslöste, steigerte sich das Interesse an der Erforschung der Natur. In Deutschland entwickelte vor allem Ernst Haeckel diese Theorie weiter. Beeinflusst wurde er in seinen Interessen unter anderem von Alexander von Humboldt, besonders aber von Johannes Müller.

Neben Haeckel erkundeten Anton Dohrn, Friedrich Heincke und weitere Wissenschaftler die Flora und Fauna des Meeres. Im Jahr 1892 entstand die „Königliche Biologische Anstalt Helgoland", die 1998 im Alfred Wegener-Institut aufging.

Die frühen Forscher der Insel

Helgoland ist heute einer der weltweit renommiertesten Standorte zur Erforschung der Ökologie der Küsten- und Schelfmeer-Systeme. Hunderte internationaler Gastforscher und Doktoranden besuchen jährlich die Insel, um sich fortzubilden. Dabei spielt eine Messreihe eine besondere Rolle. Seit 1961 werden, sofern das Wetter das Herausfahren nicht verhindert, täglich Wasserproben der Nordsee zwischen der Insel und der Düne entnommen. Diese werden auf Temperatur, Nährstoffe, Chemikalien und Lebewesen analysiert und stellen eine der ältesten fortlaufenden Analysen der Welt dar. Weltweit greifen viele Institute auf diese Daten zurück und leiten daraus eigene Erkenntnisse ab.

Das Wissen, dass das Institut über den Lebensraum Nordsee gewinnt, wird nach außen getragen und mit Forschern, Behörden und anderen Stellen geteilt. Ein Schwerpunkt der Arbeit liegt auf den Folgen des menschlichen Eingriffs in das Ökosystem der Nordsee. Im Jahr 2017 feierte das AWI das 125. Jubiläum der Meeresforschung auf Helgoland.

Das Unterwasserlabor Helgoland

„Die Bio" ist auf der Insel vielfach präsent und bietet den Gästen spannende Einblicke in ihre Arbeit und in die umgebende Natur.

Ein Laminariawald, wie er nördlich der Düne existiert

Darüber hinaus ist auf der Insel das Institut für Vogelforschung (IfV), eine außeruniversitäre Forschungseinrichtung vertreten. Die dort tätigen Wissenschaftler beschäftigen sich mit den Vögeln und ihrer Beziehung zur Umwelt.

Heinrich Gätke, Maler, Ornithologe und Sekretär des Gouverneurs

Der bereits erwähnte Maler und Zwangshelgoländer Heinrich Gätke entwickelte auf der Insel ein großes Interesse an der Vogelbeobachtung. Um das Jahr 1850 begann der Autodidakt mit der wissenschaftlichen Beobachtung, Erfassung und Sammlung der Vögel. Im Jahr 1891 verfasste Gätke das Buch „Die Vogelwarte Helgoland“, worin er die Bedeutung der Insel für die Vogelzugforschung darstellte. Im gleichen Jahr vermachte er seine Präparate-Sammlung und wissenschaftliche Bibliothek der preußischen Regierung, für den Aufbau des Nordsee-Museums der Biologischen Anstalt auf Helgoland. Das Vermächtnis bildete den Grundstein der späteren Vogelwarte.

Das IfV selbst wurde unter dem Namen „Vogelwarte Helgoland“ am 1. April 1910 durch die Initiative von Dr. Hugo Weigold gegründet und ist die zweitälteste der Welt. Dr. Weigolds Aufenthalt galt der Meeresforschung, jedoch interessierte er sich ebenso für die Ornithologie. So gelang es ihm, den Leiter der Biologischen Anstalt von seiner Idee der Vogelwarte zu überzeugen.

Zu den auf Helgoland heimischen Vögeln gehören Trottellummen, Basstölpel, Eissturmvögel und verschiedene Möwenarten. Die Trottellummen sind Namensgeber des Vogelfelsens auf dem Helgoländer Oberland. Viele Vogelkundler kommen ihretwegen auf die Insel. Die Lummen benötigen zum Brüten steile und zerklüftete Felsen, welche in Deutschland einzig auf Helgoland zu finden sind.

Der bekannte Lummenfelsen auf der Westseite der Insel

Sie sind meistens ab März auf der Insel zu sehen und an Abenden im Juni lässt sich der Lummensprung beobachten, bei dem die Jungen sich vom Felsen stürzen, um von da an den eigenen Weg ins Leben zu finden.

Die heute berühmten Basstölpel sind erst seit 1991 wieder als Brutvögel auf Helgoland heimisch, obwohl ihnen das Leben anfangs schwer gemacht wurde. Zum Nestbau verwenden sie alles, was sie im Meer treibend finden und dazu gehören Leinen und Reste von Fischernetzen. Das erste Jungtier hatte sich 1991, auf der letzten Felsspitze vor der langen Anna, in einem solchen Netz verfangen und konnte sich nicht selbstständig befreien. Nach vielfältigen Überlegungen suchte die Vogelwarte Helgoland die Hilfe des Vereins Jordsand, der sich an das „Hamburger Abendblatt" wandte, welches den Hamburger Alpenverein mit der Bergung des Jungtieres beauftragte. Nach mehrstündiger, erfolgreicher Besteigung des brüchigen Felsens übergaben die Beauftragten den befreiten Jungtölpel dem Leiter der Vogelwarte. Dieser übernahm das gerettete Tier und warf es, wie alle frisch beringten Vögel, hoch in die Luft. Fatalerweise verweigerte der gestresste und niemals zuvor freie erste Tölpel-Nachkomme Helgolands den Flug und starb beim Aufprall auf den Felsen. Eine Aktion die das „Hamburger Abendblatt" am folgenden Tag unter der Überschrift: „Der Tölpel von Helgoland..." dokumentierte.

Häufig nicht mit den Augen, sondern mit den Ohren zu erkennen, sind ab circa Ende Februar die Eissturmvögel. Sie brüten meist direkt auf dem Boden, sodass man sie schwer sehen kann. Gut hörbar hingegen sind ihre lauten Balzgeräusche. Anfang September verlassen die Vögel die Insel.

Basstölpel auf Helgoland

Neben den heimischen Arten bilden die Zugvögel, die insbesondere im März und Oktober den Felsen als Zwischenstopp nutzen, einen Schwerpunkt der Forschung. Mit insgesamt circa vierhundertdreißig dokumentierten Arten gehört die Insel zu einem der weltweiten Hotspots und die Beringungsstation der Vogelwarte bildet einen Eckpfeiler der Erforschung von Bewegungsmustern. Selbst während des Zweiten Weltkrieges führten drei Mitarbeiterinnen den Betrieb fort. Sie erstellten einen bis heute nicht übertroffenen Rekord, indem sie am 12.10.1940 insgesamt 1.510 Vögel beringten, von denen viele später in allen Teilen der Welt wieder registriert wurden.

Deät ess ii Lunn

Helgoland ist ein kleiner, abgelegener, circa ein Quadratkilometer großer Felsen in der Nordsee. Dennoch konzentriert sich hier in seltener Weise die Weltgeschichte in ihren verschiedensten Ausprägungen. Bislang nicht erwähnt ist die Tatsache, dass Werner Heisenberg 1932 an der Westklippe stehend, die Unschärferelation formulierte oder Gustav Mahler hier im August 1891 einen, wie er schreibt, „very extraordinary stay" erlebte.

Es muss wohl etwas Außergewöhnliches mit diesem Fleckchen Erde verbunden sein.

Dieses Buch führt einen Teil der Geschichte auf, lässt aber viel Raum für eigene Entdeckungen. Nicht nur über die Vergangenheit gibt es viel zu erzählen. Kontinuierlich besuchen junge und renommierte Forscher und Künstler die Insel und gestalten eine spannende Gegenwart und Zukunft.

Fotograf: Martin Linne

„Meine eigene Erfahrung mit den Helgoländern ist, dass sie eigenbrötlerisch bis zur Schrulligkeit, aber auch weitherzig und verständnisvoll bis fast zur Selbstaufgabe sein können."

James Krüss

Die Helgoländer
- Versuch einer Charakteristik
von James Krüss (Auszug)

Die Beschreibung irgendeines Menschenschlages, ein meist schwieriges Unternehmen, mit meist ungewissem Ausgang, pflegt gewöhnlich, da Insidern die Übersicht fehlt, von Außenstehenden geliefert zu werden. Wenn ich es als Insider dennoch wage, über die Helgoländer zu schreiben, dann deshalb, weil ich einen zeitlichen und räumlichen Abstand von der Insel und ihren Bewohnern habe, der Übersicht erlaubt. Über vier Generationen habe ich von der Höhe meiner Jahre einen Überblick, über zwei nur vage oder keine Sicht. Was vorher war, weiß ich allein aus Büchern. Was nachher kommen wird, bleibt abzuwarten.

Dies vorausgeschickt, will ich versuchen, die mir bekannten Generationen Helgoländer so zu schildern, wie sie mir erscheinen und gleichzeitig versuchen, das, was uns an Nachrichten über die alten Helgoländer zur Verfügung steht, mit meiner Kenntnis zu vergleichen.

Dass meine helgoländischen Vorfahren Friesen waren (mindestens seit dem achten Jahrhundert, als viele von ihnen - belästigt durch die Einfälle Karl Martells - zu nördlicher gelegenen Inseln und Küsten zogen), ist an der Inselsprache nachzuweisen, die friesisch ist und mit der ich aufgewachsen bin.

Wir wissen, dass sie eine seen- und laugenreiche Küstenlandschaft bewohnten, ähnlich den frühen Sumerern am Persischen Golf und den früheren Azteken am Pazifischen Ozean; wir wissen, dass sie meist, wie heute noch die Hallig-Bewohner, auf Warften und in Einzelgehöften lebten; wir wissen, dass sie Völkerwanderungen nicht mitmachten; wir wissen, dass sie sich lange Zeit, für einen Tribut von Rinderhäuten, die Römer vom Halse hielten (was auch auf ausgedehnte Viehzucht schließen lässt); und wir wissen schließlich, dass sie länger als andere germanische Stämme am alten Glauben festhielten. Bonifatius, der Germanenbekehrer, wurde von Friesen erschlagen.

Dass die Nordfriesen von ihren durch die Sprache nachweisbaren westfriesischen Vorfahren zwischen Rhein- und Emsmündung Charakterzüge bewahrt haben, ist natürlich. Die Mentalität einer in Sprache, Kultur und Geschichte einheitlichen Menschengruppe ändert sich so rasch nicht. Kein Wunder daher, dass der friesische Drang nach Unabhängigkeit, der den Römern so viel Ärger machte, auch weiter nördlich, bei den heutigen Nordfriesen, Ärger verursacht hat, nämlich bei den jeweiligen Landesherren und den Verwaltungsherren unter ihnen. Das niederdeutsche „leewer dood as Slaav" ist die Devise von Leuten, die ursprünglich friesisch sprachen. (Und im Gedicht „Pidder Lüng" von Detlev von Liliencron erscheint es denn auch im Sylter Friesisch als: „Lewwer duad üs Slaav".)

„Fischer", Schensky, 1951

Diesem Drang, sich nach außen die Freiheit zu sichern und niemals Sklave zu sein, entsprach nach innen eine streng demokratische Lebensform. Während sich im Westfriesischen, vielleicht beeinflusst vom Holländischen, ein dem deutschen „Sie" entsprechendes Wort, „jo" entwickelt hat, duzt man sich im Helgoländischen ausschließlich und bis heute. Nur sehr alte Leute wurden gelegentlich mit djüm, „Ihr", angeredet, dazu nach dem Zeugnis meines Großvaters ein Herzog von Oldenburg, der des Helgoländischen mächtig gewesen sein soll.

Entscheidungen, die die Gemeinschaft betrafen, wurden auf Helgoland wie im übrigen Friesland teils durch Los entschieden, teils durch Abstimmungen, wobei ich darauf hinweisen möchte, dass es auf Helgoland meist 16 Lose für vier „Quartiere", je vier Ratsleute, also insgesamt 16 gab, eine etwas mysteriöse Zahl, die bei den nördlichen Germanen eine etwas mysteriöse Rolle spielt. (So wurde das Futhark, das Runen-Alphabet, im 8. Jahrhundert von den Skandinaviern plötzlich auf 16 Zeichen verkürzt, obwohl dadurch das Schreiben und Lesen außerordentlich erschwert wurde.)

Der friesische Drang nach Freiheit und Unabhängigkeit zieht sich wie ein roter Faden auch durch alle Berichte über die Helgoländer. Der Schriftsteller Theodor Christoph Friedrich August von Kobbe, 1898 in Glückstadt geboren, sagte von den Helgoländern: „Oft erscheinen sie mir wir Königssöhne, welche von einer großen Insel ausgezogen sind und Fürstentöchter entfernter Länder sich geholt haben, die aber, zurückgekehrt, den größten Theil ihrer unermesslichen Insel durch einen bösen Geist weggezaubert sehen und nun auf dem übrig gebliebenen Felsblock zu plebejischer Arbeit und plebejischem Mangel verurtheilt sind."

Karl Heinrich von Boetticher dagegen, geboren 1833 in Stettin und seit 1879 Oberpräsident von Schleswig-Holstein, sagt (was soll er als professioneller Obertan auch anderes sagen?), dass die Insulaner dünkelhaft und hoffärtig seien, einen „Mangel an Liebe und Gehorsam gegen ihre Landesherrschaft" zeigten und dass der größte Teil nicht wissen wolle „daß sie als Unterthanen ihrem Landesherrn mit schuldiger Partition verbunden" seien. Der gemeine Mann sagte öffentlich, er sei kein Untertan, und das Land gehöre ihm.

Diese beiden Meinungen, die des liebenswürdigen witzigen weitherzigen Schriftstellers und die des preußisch geborenen, wohl eher pedantischen Oberpräsidenten, sind kennzeichnend für eine Reihe ähnlicher Urteile, die einander zu widersprechen scheinen, aber im Grunde das gleiche sagen, nur von verschiedenen Blickpunkten aus, weil die einen einfühlsam die besondere Situation der weitab von jeder Küste gelegenen Insel verstehen, die anderen als Alles-über-einen-Kamm-Scherer nur Schäflein sehen, die verwaltet werden müssen. Wer einen eigenen Kopf hat, ist für den, der frei die Welt betrachtet, ein Original, für den der Steuern einziehen muss, ein störrischer Querkopf.

Meine eigene Erfahrung mit den Helgoländern ist, daß sie eigenbrötlerisch bis zur Schrulligkeit, aber auch weitherzig und verständnisvoll bis fast zur Selbstaufgabe sein können. Zu ihren Devisen gehört neben dem „kloor kimmen", dem klaren Blick bis hin zum Horizont, vor allem auch das „rüm hart", das „weite Herz", oder, buchstäblicher, das „geräumige Herz".

Die Armut, das darf nicht vergessen werden, hat die Insel für Jahrhunderte geprägt. Aus Armut verkaufte man den Kalk der zweiten weißen Insel an Hamburg, bis diese Insel in einer Sturmflut zusammenbrach und nur die Sanddüne übrigblieb. Aus Armut wagten sich die Schiffer immer weiter hinaus aufs brüllende Meer, um Menschen zu retten und mit ihnen die Ladung gestrandeter Schiffe, von der der Landesherr immer ein Viertel bekam, die Helgoländer meist auch ein Viertel, seltener zwei Viertel. (Die Anzahl der Witwen und Waisen war auf Helgoland immer besonders groß, weil viele Schiffer beim Bergen oder bei Fahrten aufs Festland den Seemannstod fanden.)

Aus Armut deckte man sich, auch wenn man im Sommer als Lotse oder Fischer einiges verdient hatte, für den Winter mit Nahrungsvorräten ein. Noch zur Kindheit meiner Großeltern versah man sich für den Winter, so wurde es mir immer wieder erzählt, mit einem Säckchen Korinthen, einem Sack Mehl, einem Sack Zucker, Kartoffeln (die aber auch auf der Insel angebaut wurden), einem Fässchen Pökelfleisch, „Kameruner" genannt, und windgetrocknetem Salzfisch. Immer wieder berichtete man mir von den zwei Haken unter der hängenden Petroleumlampe, auf die man einen enthäuteten Hering legte, damit die um den Tisch Versammelten ihre Kartoffeln daran abstreichen und so ein bisschen Fett auf ihre trockene Kartoffel bringen konnten.

Windrii - zum Trocknen aufgehängter Fisch

Alle besonders handfesten Vorwürfe gegen die Helgoländer, etwa, dass sie Seeräuber waren (sie waren es tatsächlich nie), dass sie um einen „gesegneten Strand" - nämlich um gestrandete Schiffe und deren Gut - beten (ein Gebet dieser Art gab es nicht) und dass sie ihre Besucher „ausnähmen", sind aus dieser immer gegenwärtigen Armut zu erklären, die, sollte der Tourismus aus irgendeinem Grunde einmal aufhören, schlagartig wieder da wäre. In alter Zeit war die Insel immer auf sich selbst angewiesen, etwa in der Versorgung der Witwen, denen man die kleinen Kramläden überließ.

Und immer gab es - in alter Zeit - die Arbeitsteilung nach Geschlechtern. Der Mann war vor Sonnenaufgang schon mit dem Fischerboot unterwegs (als kleiner Junge war ich manchmal noch dabei), oder er hielt nach Schiffen Ausschau, die Lotsen oder Hilfe brauchten. Die Frau tat alle Haus- und Landarbeit, auch die schwere, und hatte dafür an Land auch die Hosen an. Das Helgoland, in dem ich aufwuchs, war ein Matriarchat. (In unzähligen Berichten über die alten Helgoländer kann man im übrigen nachlesen, dass die Männer eher einsilbig, ernst, auch stolz, die Frauen munter und mitteilsam wären.)

Das, was als „Helgoländer" immer wieder gemalt, radiert, lithografiert oder fotografiert wurde und wird, sind die „Charakterköpfe" der Fischer mit ihren in sämtlichen Himmelsrichtungen verlaufenden Falten in den Wind-und-Wetter-Gesichtern und die jungen Mädchen und Burschen. Die jungen Helgoländerinnen hatten um die Jahrhundertwende, als wir noch „Eingeborene" genannt wurden, eine solche Fama auf dem Kontinent, daß sie gleich dutzendweise weggeheiratet wurden. So wurde eine Marie Siemens zu einer Gräfin Berg und eine Marie Dreyer zur Gräfin Bylandt-Rheidt.

Über die jungen Burschen im Besonderen und die Helgoländer im Allgemeinen schreibt die Engländerin Mrs. M. L'Estrange, deren Eltern auf Helgoland starben, sich beziehend auf die Jahre vor 1816, also auf den Anfang des vorigen Jahrhunderts: „Die Eingeborenen sind hübsche Leute, meist freundlich mit blauen Augen, einem durchsichtigen Teint und einer Fülle stets geschmackvoll frisierter Haare, die auch die Männer, wenn sie jung sind, in Locken bis auf ihre Schultern tragen, was ihnen, zusammen mit ihrem immer freundlichen sonnigen Gemüt, eine weiche Erscheinung verleiht." (Mutmaßlich war Mrs. L'Estrange in ihrer Jugend in einen dieser jungen Männer verliebt.)

Seit dem Wiederaufbau der Insel nach dem Zweiten Weltkrieg hat sich manches auf Helgoland verändert. Man ist mit dem Flugzeug in weniger als einer Stunde auf dem Festland; viele Insulaner haben auf dem Kontinent ihre Autos stehen; so daß die Inselbevölkerung mobiler ist als je; und durch die vielen jungen Mütter, die vom Festland kamen und die, des Helgoländischen unkundig, ihre Kinder die Inselsprache nicht lehren konnten, wird das helgoländische Friesisch, wenn kein Wandel eintritt, mit meiner Generation und deren Kindern aussterben.

Das ist für den Rest der Welt von nur geringer Bedeutung, für die Insulaner aber von entscheidender. Was an allgemein friesischer, sich auf Meer und Küste beziehender, und was an spezifisch insularer Lebenserfahrung in die Sprache eingebracht wurde, ginge verloren. Was mir das Herz wärmt, wenn ich auf der Insel bin: die Laute aus meiner Kindheit, die altertümlichen Doppelvokale und die altertümlichen grammatischen Formen. Das gäbe es nicht mehr, und nichts mehr unterschiede die Insel tönend vom entfernten Festland. Doch ist der Untergang der helgoländischen Sprache schon oft vorausgesagt worden. Und sie lebt, wenn auch vom Hochdeutschen (dem frömmen, dem „Fremden") stets stärker überfremdet, noch immer.

Sollte sie aber aussterben, dann wären die Helgoländer, über die in diesem Versuch gehandelt wurde, keine Helgoländer mehr. Sie würden dann nur noch sprechen, denken und träumen in den Sprachmustern jenes unglücklichen Volkes, das man das deutsche nennt.

Schade wär's.

Helgoland in Bildern

- Früher und Heute

NORDDEUTSCHER

STRANDHOTEL HELGOLAND

„Das Badehaus, welches hart am Strand steht, enthält das Comptoir der Badedirektion und Vorrichtungen für warme Bäder. Hier kauft man die Karten zum Bad auf der Düne, so wie die Fährmarken. Auch ist hier die Redaktion der Fremdenliste, welches Blatt in zwanglosen Heften von zwei Seiten erscheint und nur Persönlichkeiten enthält, indem es die Namen der angekommenen Fremden bringt. Es wird in Cuxhaven gedruckt, denn in Helgoland selbst wird die Kunst Guttenbergs ebenso wenig ausgeübt, wie die Reitkunst, weil Buchdrucker und Pferde wahrscheinlich verhungern würden.“

Aus: „Von Hamburg nach Helgoland“, Carl Reinhardt

Quellen- und Recherche-Angabe

ACHENBACH, ANDREAS, Maler
ALBERS, HANS, Schauspieler
ALFRED WEGENER INSTITUT, Helgoland, Meeresforschung
ALTONAER MUSEUM, Gustav Friedrichs, Fotograf
ANDERSON, FRIEDEL, Maler
ARNOLD, MAX, Schauspieler
AUERSPERG, GRAF ANTON VON, (Synonym Anastasius Grün), Politiker und Lyriker
BALZ, BRUNO, Text- und Schlagerdichter
BARTNING, OTTO, Architekt, Architekturtheoretiker
BECK, ZOË, Autorin
BECKHUSEN, DIETER, Helgoland - oder der Indianer auf der Düne
BECKMANN, MAX, Maler
BERGEN, CLAUS, Maler
BISCHOFF, GÜNTER, Autor, Atlantis
BISMARCK, OTTO VON, Politiker, Staatsmann
BLEIBTREU, MORITZ, Schauspieler
BLUME, JOCHEN, Fotograf
BODENDIECK, HINNERK, Atelier Bodendieck, Künstler
BOGDAN, ISABEL, Autorin
BOHRDT, HANS, Maler
BOTTER, PAUL, Musiker
BREMEN, ADAM VON, Kleriker, Chronist
BRUCKNER, ANTON, Komponist, Organist, Musikpädagoge
BUDDENBOHM, MAXIMILIAN, Autor
BÜLOW, VICCO VON (Loriot)
BUNTE, DIRK, Maler, Schattenbilder
BURWIG, GUSTAV, Komponist
CAGE, NICOLAS, Schauspieler, Filmproduzent
CAMPE, JULIUS, Verleger
CHAMISSO, ADELBERT VON, Naturforscher und Dichter
CONNAUGHT, DUKE OF
DANKERT, SMILLA, Fotografin, Fotografie Isabel Bogdan
DAS SCHIFF, Hamburger Theaterschiff
DEGEN, KURT, Graphiker
DEVRIENT, MAX, Schauspieler
DIE MIMMI´S, Musiker
DIE TOTEN HOSEN, Musiker
DINGELSTEDT, FRANZ, Dichter, Journalist
DINGWORT VERLAG, CARL W., „Helgoland"
DOHRN, FELIX ANTON, Zoologe

DOMIZLAFF, HANS, Autor, Werbeberater
DROWER, GEORGE, Historiker, Autor
DUNKEL, RAINER, Fotograf, Klang Felsen Helgoland
EBSTEIN, KATJA, Sängerin, Schauspielerin
EFFERTZ, HEIKO, Musiker
EHRENBERG, CHRISTIAN GOTTFRIED, Zoologe, Mikrobiologe
EIDINGER, LARS, Schauspieler
ELEPHANT, Musiker
ERCK, MALWINE, Schauspielerin
ERHARD, LUDWIG, Politiker, Wirtschaftswissenschaftler
ERZBERG, TIM, Autor
FALLERSLEBEN, HOFFMANN VON, Hochschullehrer, Dichter
FANCK, ARNOLD, Regisseur
FELIXMÜLLER, CONRAD, Maler
FITZEK, SEBASTIAN, Autor
FOTOSTAMMTISCH HELGOLAND, Helgoland
FRANKE, BERND, Maler
FRIEDRICHS, GUSTAV, Fotograf
FRIEDRICHS, JOHANN JACOB, Fotograf
FRIEDRICHS, KURT, Autor
GÄTKE, HEINRICH, Maler, Ornithologe
GENSLER, JACOB, Maler
GENSLER, GÜNTHER, Maler
GISCHT & GLUT, Werbeagentur, Inselkarte
GOETHE, JOHANN WOLFGANG VON, Dichter, Naturforscher
GÖTTLICHER, ERHARD, Maler
GROENVELD, STEFAN, Fotograf
GROPIUS, WALTER, Architekt, Gründer des Bauhauses
GUNDLACH, KAI-UWE, Fotograf
GUSTAV ADOLF IV., König von Schweden
GUTSCHOW, KONSTANTY, Architekt
HABICH, DR. JOHANNES, Landeskonservator
HAECKEL, ERNST, Zoologe, Philosoph
HARRING, HARRO, Revolutionär, Dichter
HASSENPFLUG, GUSTAV, Architekt, Designer, Hochschullehrer
HATZFELD, GEORG VON, Verleger
HEBBEL, FRIEDRICH, Dramatiker, Lyriker
HEGEL, GEORG WILHELM FRIEDRICH, Philosoph
HEINCKE, FRIEDRICH, Zoologe, Ichthyologe
HEINE, HEINRICH, Schriftsteller
HEISENBERG, WERNER, Wissenschaftler
HEINRICH, SALOMON, Bankier
HELGOLÄNDER KARKFINKEN, Shanty-Chor
HELGOLAND PAINTER, Künstler
HESSE, JANET, Fotografin, Schattenbilder
HUMBOLDT, ALEXANDER VON, Naturforscher

HERMS, MICHAEL, Flaggenwechsel auf Helgoland
IBSEN, HENRIK, Dramatiker und Lyriker
INSTITUT FÜR VOGELFORSCHUNG
JÄGER, MALTE, Fotograf
JANNINGS, EMIL, Schauspieler
JANSSEN, HORST, Maler
JORDAN, RUDOLF, Maler
JORDAN, WILHELM, Autor
JÜRGENS, CURD, Bühnen- und Filmschauspieler
KAFKA, FRANZ, Autor
KAINZ, JOSEF, Schauspieler
KALLMORGEN, WERNER, Architekt
KAMMSETZER, GUSTAV, Theater-Direktor
KARKFINKEN, Shanty-Chor, Helgoland
KESSELS, JÖRN, Fotograf
KÖNIGIN VICTORIA
KROPATSCHECK, DR. WALTER, Mediziner und Sammler
KRÜSS, ERICH-NUMMEL, Helgoland-Genealogie
KRÜSS, JAMES, Autor, Charakteristik der Helgoländer
KRÜSS, PETER, Karkfinken, Skiirskotten
KRUG, MANFRED, Schauspieler, Sänger
KÜPPER, LIA, Film und Foto
LAST, JAMES, Musiker
LEANDROS, VICKY, Sängerin
LEISTIKOW, WALTER, Maler, Grafiker
LENYA, LOTTE, Schauspielerin, Sängerin
LEUDESDORFF, RENÉ, Geistlicher, Autor
LEWALD, FANNY, Autorin
LICHTENBERG, GEORG CHRISTOPH, Universalgelehrter, Schriftsteller
LIMMER, E., Maler
LINDEMANN, DR. EMIL, Helgoländer Badeplauderei
LINNE, PROF. DR. MARTIN, Tourismusforscher, Fotograf
LIPPE, BERNHARD PRINZ ZUR
LISZT, FRANZ, Komponist und Pianist
LÖWENSTEIN, HUBERTUS PRINZ ZU, Journalist, Autor, Politiker
LÖWY, SIEGFRIED, Schriftsteller
LYNDER, FRANK, Autor, Journalist
MAHLAU, ALFRED, Künstler und Kunstlehrer
MAHLER, GUSTAV, Komponist
MANSFIELD, RICHARD, Schauspieler
MARLOW, F., Schriftsteller
MARTELL, KARL, Fränkischer Hausmeier
MASSALIA, PYTHEAS VON, Händler, Geograph
MAXSE, SIR HENRY BERKELEY FITZHARDINGE, Gouverneur
MEJER, Kartograph
MÖBIUS, EBERHARD, Theater „Das Schiff"

MÖBIUS, CHRISTA, Theater „Das Schiff"
MORGENSTERN, CHRISTIAN, Maler MÜLLER, INA, Sängerin, Musik-Kabarettistin
MÜLLER, JOHANNES, Naturphilosoph, Meeresbiologe
MURNAU, FRIEDRICH WILHELM, Filmregisseur
NAIKOMAIDERS, Schauspielgruppe, Helgoland
NAPOLEON BONAPARTE, General, Kaiser
NDR, Tatort Haie vor Helgoland
NESTROY, JOHANN, Schauspieler
NEUMANN, „PIETER" (PETER), Fotograf
NISSEN, GODBER, Architekt
NORDSEEMUSEUM HELGOLAND
OESER, DR. FRITZ, Anton Bruckner
OETINGER VERLAG, Timm Thaler
OETKER, FRIEDRICH, Publizist
ORNITHOLOGISCHE ARBEITSGEMEINSCHAFT HELGOLAND e. V.
PIPPIN DER MITTLERE, Pippin II., Machthaber im Frankenreich
POPKES, CHRISTIAN, Helgoland - oder der Indianer auf der Düne
PREUSSEN, FRIEDRICH WILHELM VIKTOR ALBERT VON, Kaiser Wilhelm II.
QUINN, FREDDY, Musiker
RADBOD, König der Friesen
RADZIWILL, FRANZ, Maler
RAUCH, BRIGITTE, Fotografin
RED CLIFFS, Musiker
REICHEL, ACHIM, Musiker
RICHTER, SVIATOSLAV, Pianist
RICKMERS, HENRY PETER, Bürgermeister und Autor
RICKMERS, RICKMER CLASEN, Schiffbauer, Reeder
RICKMERS-LIEBAU, KIRSTEN, Krüss Erbengemeinschaft
ROCK 'N' ROLL BUTTERFAHRT, Helgoland
ROSENBERGER, MARIANNE, Sängerin, Komponistin, Texterin
RUDLOFF, AUGUSTE, Schauspielerin
RÜGER, JAN, Professor für Geschichte, Autor
PAOLI, BETTY, Lyrikerin, Journalistin
SÁILE, LIA, Fotografin
SALISBURY, LORD ROBERT ARTHUR, Premierminister
SALTZMANN, CARL, Maler
SASSON, DEBORAH, Opernsängerin, Musical-Darstellerin
SAYN-WITTGENSTEIN, FÜRSTIN CAROLINE VON
SCHAROUN, HANS, Architekt
SCHENSKY, FRANZ, Fotograf, Helgoland
SCHLEIFER, FRITZ, Architekt, Professor
SCHNARS-ALQUIST, HUGO, Maler
SCHÖNLEBER, GUSTAV, Maler
SCHOEPP, META, Autorin
SCHWANITZ, GERD, Künstler

SCHWARZENBERG, MARIANNE FÜRSTIN VON
SEGAL, ARTHUR, Maler
SENATOR GODEFFROY
SIEMENS, JACOB ANDRESEN, Unternehmer und Künstler
SIGMUND, ANNA MARIA, Leni Riefenstahl
SILBERSTEIN, AUGUST, Schriftsteller, Revolutionär
SMID, Heinrich, Autor
SPENCER, KENNETH, Opernsänger, Schauspieler
SPENGELIN, PROF. FRIEDRICH, Architekt, Stadtplaner
STAHR, ADOLF, Autor, Historiker
STEGER, DR. FRANK, Malwine Erck
STÖRTEBEKER, KLAUS, Freibeuter
STÖVER, WILLY, Maler
STRINDBERG, JOHAN AUGUST, Schriftsteller, Künstler
TACITUS, Chronist
TADDAY, LILO, Tadday-Foto, Helgoland
THEATER SCHENEFELD, Schenefeld, Helgoland
THURN UND TAXIS, FÜRST MAXIMILIAN VON
TRENKER, LUIS, Schauspieler, Bergsteiger
TYCHSEN, JAN, Musiker
UFER, JOHANNES, Künstler, Farbplan
VEREIN JORDSAND
VOGELWARTE HELGOLAND, Helgoland
WALLACH, ERNST, Bankier
WALLMANN, H. JOHANNES, Komponist, Klang Felsen Helgoland
WARBURG, ABY, Kunsthistoriker, Kulturwissenschaftler
WEGENER, MATTHIAS, Hans Albers
WEIGOLD, DR. HUGO, Forscher
WELLHAUSEN, GEORG, Architekt
WFT-VERLAG, Brauchtum
WIENBARG, LUDOLF, Schriftsteller
WIRSING, HANS-PETER, Maler
WUNDERLICH, PAUL, Maler

Sollten wir trotz sorgfältig erfolgter Recherche einen der Urheber unerwähnt gelassen haben, bitten wir freundlich um Kontaktaufnahme mit dem Verlag zur Klärung der Bildrechte.
Vielen Dank!

Helgoländer Botschaft

Die Helgoländer Botschaft ist ein Reisebüro und Reiseveranstalter für Ihren Urlaub auf der Insel. Von A wie „Anreise", F wie „Führungen" und W wie „Wellness" bis Z wie „Zimmerbuchung" erhalten Sie den vollständigen Service und alle Informationen rund um die Nordseeinsel.

Helgoländer Botschaft

Rickmers Reisen Helgoland GmbH
Großer Grasbrook 9 20457 Hamburg
Telefon: 040/23 20 52-10

hamburg@helgolaender-botschaft.com

www.helgolaender-botschaft.com

Helgoländer Botschaft

storytels

In Deutschland haben Sie die Wahl zwischen circa 30.000 Hotels und Gasthöfen. Viele schöne Unterkünfte für viele unterschiedliche Anlässe. Die „storytels - Hotels, die was erzählen" möchten ihren Gästen in den Tagen, an denen sie die Freiheit und Muße haben, sich auf neue Landschaften und Kulturen einzulassen, eine Heimat bieten.

Ob schlicht und schön oder luxuriös, ob klein oder groß, ob Garni oder Full Service: Die storytels-Hotels haben den Anspruch, die Erwartungen ihrer Gäste zu erfüllen und ihnen die Region authentisch zu vermitteln. Darüber hinaus erzählt jedes der Häuser eine besondere Geschichte. Dabei entsteht ein Bogen, der über viele Epochen und von der Architektur bis zur Literatur reicht.

storytels
Telefon: 0 47 25/81 40 40

info@storytels.com
www.storytels.com

storytels
HOTELS, DIE WAS ERZÄHLEN

Wir danken der Helgoländer Botschaft und storytels für die Unterstützung.

Literaturempfehlungen

Architektur auf Helgoland

Jan Lubitz

ISBN: 978-3-9816915-0-4
Preis: € 19,80

Helgoland gilt als die „Blaue Mauritius" des Wiederaufbaus in Deutschland. Dieser basiert auf Idealen der Moderne. Die kubisch-knappe Architektursprache geht auf Bauhaus-Ideen zurück, während die städtebauliche Struktur von der Charta von Athen geprägt ist.
Bei allem Rationalismus zeigt die neue Helgoländer Architektur aber einen poetischen Charakter. Von skandinavischen Vorbildern inspiriert, weisen die Häuser eine kantige Klarheit auf, die mit der Weite des umgebenden Meeres und des Himmels korrespondiert.

Das neue Helgoland ist ein Gesamtkunstwerk aus Formen und Farben und besitzt eine unverwechselbare Identität. Das reich illustrierte Buch zeichnet die Entwicklungslinien des Wiederaufbaus nach und portraitiert fünfzig ausgewählte Bauten.

Ein Fels, eine Familie - 500 Jahre Rickmers Helgoland im Wandel der Weltgeschichte

Detlev Rickmers

ISBN: 978-3-9816915-1-1
Preis € 24,80

Wie Helgoland Kriege überstand, ob die Insulaner wirklich ein so eigensinniger Menschenschlag sind und warum über die Jahrhunderte immer wieder das große Zeitgeschehen das Schicksal der Insel veränderte: Dieses Buch erzählt die Geschichte eines kleinen Felsens im Wandel der Zeit, beschrieben aus dem Erleben der Familie Rickmers.

Hierbei begegnet man Piraten, Literaten, mutigen Frauen, echten Seemännern, mancher Poesie, dem Reeder Rickmers Rickmers, dem Inselsohn James Krüss und Weltenlenkern von Napoleon über Kaiser Wilhelm bis Willy Brandt.

Entdecken Sie eine andere Welt

Karkjoar en siin Wüff

Neben der „Langen Anna" gibt es auch noch viele weitere Felsformationen, die Staunen auslösen. „Karkjoar en siin Wüff", z. dt. der Pastor und seine Frau, welche sich an der Westküste auf dem Oberland befinden, zeigt dabei die ursprüngliche Romantik der Insel.

Kunst, Kultur, Knieper

Unter diesem Motto präsentieren sich die bunten Hummerbuden am Binnenhafen mit kleinen Galerien, Geschäften und Restaurants.

Fossilien und Bernstein

Mit jedem größeren Sturm werden auf den vorgelagerten Kreideriffen am Nordstrand der Düne Teile abgerissen und angespült. Am Flutsaum lässt sich dann der besonders leichte Bernstein finden. Versteinerungen wie z.B. Donnerkeile findet man hingegen eher bei Niedrigwasser im unteren Strandbereich.

Von wenigen entdeckt: Der Ententeich auf der Düne

Der Ententeich auf der Düne ist eine der wenigen Süßwasser-Reservoire auf Helgoland. Dadurch ist er eine natürliche Vogeltränke für Seevögel und im Frühjahr und Herbst auch für zahlreiche Sing- und Zugvogelarten.

Aade – Ein besonderer Ort der Ruhe

Die Aade, so heißt die Süd-Ost-Spitze der Düne, ist ein Steinstrand mit viel Strömung und Kreuzsee. Nur von wenigen Gästen aufgesucht, ist es ein idealer Ort, um Ruhe zu finden und bei besonderer Geräuschkulisse die Zeit zu vergessen.

Friedhof der Namenlosen

„Seefahrt in Not" sagte einst Gorch Fock und in der Vergangenheit war dies tatsächlich oft der Fall. Insbesondere die Klippen rund um Helgoland, mitten in der vielbefahrenen Nordsee, bildeten für viele Segler und Dampfer die Endstation.

Geschichtsweg Der Geschichtsweg gibt einen Eindruck von der langen Historie der Besiedlung dieses „Heiligen Landes", der Zugehörigkeit zu verschiedenen Nationen, den Zeiten als Seeräuber- und später Schmugglernest, dem Luxus-Seebad und schließlich von den Zerstörungen durch die Kriege mit anschließendem Wiederaufbau.

Naturweg Der Naturweg hebt die Besonderheiten der Inselnatur hervor – ob Geologie, Flora oder Fauna. Dieser Weg zeigt auch die versteckten Sensationen: Unterwasserwald, Basstölpel oder Mus musculus helgolandicus.

Kulturweg Dieser Weg vermittelt ein Bild vom reichen kulturellen Leben und der Literatur in Verbindung mit Helgoland. Man begegnet Dichtern wie Goethe, Heine, Hebbel, Strindberg und Kafka sowie Malern wie Andreas Achenbach, Christian Morgenstern, Rudolf Jordan, Hans Bohrdt, Arthur Segal, Franz Radziwill, Conrad Felixmüller und Horst Janssen. Man erfährt viel vom alten Theater und lernt, die heutige Architektur mit anderen Augen zu sehen.

Helgoland in Bildern
- Impressionen